CB045359

LYOTARD

COLEÇÃO
FIGURAS DO SABER

dirigida por
Richard Zrehen

Títulos publicados
1. *Kierkegaard*, de Charles Le Blanc
2. *Nietzsche*, de Richard Beardsworth
3. *Deleuze*, de Alberto Gualandi
4. *Maimônides*, de Gérard Haddad
5. *Espinosa*, de André Scala
6. *Foucault*, de Pierre Billouet
7. *Darwin*, de Charles Lenay
8. *Wittgenstein*, de François Schmitz
9. *Kant*, de Denis Thouard
10. *Locke*, de Alexis Tadié
11. *D'Alembert*, de Michel Paty
12. *Hegel*, de Benoît Timmermans
13. *Lacan*, de Alain Vanier
14. *Flávio Josefo*, de Denis Lamour
15. *Averróis*, de Ali Benmakhlouf.
16. *Husserl*, de Jean-Michel Salanskis
17. *Os estóicos I*, de Frédérique Ildefonse
18. *Freud*, de Patrick Landman
19. *Lyotard*, de Alberto Gualandi

LYOTARD
ALBERTO GUALANDI

Tradução
Anamaria Skinner
Universidade Federal do Rio de Janeiro

Estação Liberdade

FIGURAS
DO SABER

Título original francês: *Lyotard*
© Societé d'Édition Les Belles Lettres, 2003
© Editora Estação Liberdade, 2007, para esta tradução

Preparação de texto e revisão Tulio Kawata
Projeto gráfico Edilberto Fernando Verza
Composição Nobuca Rachi
Capa Natanael Longo de Oliveira
Editor-adjunto Heitor Ferraz
Editor responsável Angel Bojadsen

CIP-BRASIL. CATALOGAÇÃO-NA-FONTE
Sindicato Nacional dos Editores de Livros, RJ.

G945L

    Gualandi, Alberto, 1964-
    Lyotard/ Alberto Gualandi; tradução de Anamaria
Skinner. – São Paulo : Estação Liberdade, 2007
    176p. – (Figuras do saber ; 19)

    Tradução de: Lyotard
    Inclui bibliografia
    ISBN 978-85-7448-125-8

    1. Lyotard, Jean-Francois, 1924-1998. 2. Filosofia
francesa - Século XX. 3. Pós-modernismo. I. Título. II.
Série.

07-0315.   CDD 194
                                                           CDU 1(44)

Todos os direitos reservados à
Editora Estação Liberdade Ltda.
Rua Dona Elisa, 116 • 01155-030 • São Paulo – SP
Tel.: (11) 3661-2881   Fax: (11) 3825-4239
e-mail: editora@estacaoliberdade.com.br
http://www.estacaoliberdade.com.br

Sumário

Cronologia   9

Abreviações   13

1. O filósofo e o sofista   15
   O processo do sofista   15
   O requisitório público   16
   O descontentamento filosófico   18
   A idade dos sofistas   20
   O fim da História   22
   Testemunhar o acontecimento   24
   O advogado da "sensação"   26
   Um contra-ataque pragmático   28
   Destinador, destinatário, referência   30
   A pragmática de Platão   31
   *O pecado original de Platão: a "mímesis"
   do Ser e do Dever*   35
   A eficiência científica   37
   Da opinião à idéia   39

2. O fora da linguagem   45
   Além do sentido e da referência   45
   Verdade e saber   50
   Imagem, forma, matriz   52
   A obra, o sonho e o sintoma   55
   A "dupla" verdade do desejo   58
   O acting out *libidinal*   61
   Do Desejo à Lei   64

3. A linguagem sem fora   69
   A teoria dos jogos de linguagem   69
   O luto pós-moderno   71
   A deslegitimação   75
   Consenso ou paralogia?   77
   O problema da "dupla analogia"   81
   A ilusão antropomórfica   85
   Ontologia da frase   87
   A escuta dos diferendos   91
   A filosofia como não-gênero discursivo   95

4. O desafio do juízo   101
   A analogia lyotardiana   101
   O arquipélago crítico   104
   Determinante e reflexionante   107
   O encadeamento científico da frase-sensação   110
   A analogia estética   113
   Três teses sobre o juízo estético   116
   O tempo do juízo   120
   Os signos da Idéia   124
   "Equivocidade" ou "univocidade"?   126
   "Identidade" ou "diferença"?   128
   A arte contra a ciência   130
   A "crise dos fundamentos"   133
   O juízo como exercício de desolação   136

5. Entusiasmo e melancolia   141
   O sublime político: o entusiasmo   141
   O sublime artístico: a presença   147
   Os esquemas e os nomes   152
   A dominação tecnocientífica   156
   Uma fábula pós-moderna   160
   O sublime moral: a lei judaica   165

6. Assinado Lyotard   171

Indicações bibliográficas   173

Cronologia

1924   Nascimento em Versalhes, em 10 de agosto. Numa resumida biografia intelectual, *Peregrinações* (1990), Jean-François Lyotard conta ter sonhado muitas vezes, quando era jovem, em tornar-se "monge, pintor ou historiador". Optou, enfim, pela filosofia e ingressou na Sorbonne, onde conheceu Gilles Deleuze, François Châtelet e Michel Butor. Concluiu seus estudos com uma monografia sobre a "indiferença".

1950-54   Obteve a *agrégation* de filosofia e partiu para a Argélia, onde ensinou durante dois anos em um liceu de Constantina. Ali encontrou o historiador Pierre Soury, que o apresentou à luta política e a *Socialisme ou Barbarie*, revista marxista "herética" (contrária ao stalinismo e ao PCF), dirigida por Claude Lefort e Cornelius Castoriadis. Publicou seu primeiro livro, *A fenomenologia*, em que escreveu: "Ao invés de superá-las, a fenomenologia representa um atraso em relação às filosofias hegeliana e marxista. Essa regressão se explica historicamente" (PH, 123).

1955-66   Concentra toda sua energia na luta política. Com o pseudônimo de François Laborde, publicou em *Socialisme ou Barbarie* treze artigos dedicados à guerra da Argélia. Em 1964, deixa o grupo de Castoriadis para entrar em *Pouvoir Ouvrier* [Poder Operário] do qual sairá definitivamente dois anos depois. "Salvei minha pele", confessa mais tarde, mas um longo período de crise espiritual começa então. Torna-se pesquisador do CNRS, depois professor-adjunto em Nanterre.

1968-71 Engaja-se novamente por um curto período na política ativa, participando do *Mouvement du 22 mars*, promovido por Daniel Cohn-Bendit, e do movimento estudantil. Defende em Nanterre sua tese de doutorado, *Discours, figure*, centrada nas questões da arte, do inconsciente e da linguagem. É nomeado professor da Universidade de Vincennes (que será transferida depois para Saint-Denis), onde já se encontram Deleuze, Châtelet e Foucault.

1972-77 Deleuze e Guattari publicam a controversa obra-prima do "pensamento desejante" *O anti-Édipo*. Dois anos depois, Lyotard publica seu segundo livro de peso, *Economie libidinale*, que inaugura a fase mais "sombria" de seu pensamento, período "pagão", que termina com um livreto, *Instructions païennes* [Instruções pagãs], muito polêmico contra os "novos filósofos" e a esquerda socialista francesa. Realiza muitas viagens aos Estados Unidos, onde começa a colaborar com diversas universidades.

1979-83 Publica um pequeno livro, *A condição pós-moderna*, que lhe garante renome internacional. Sua obra mais importante, *Le différend* [O diferendo], "meu livro de filosofia", não alcançará, quatro anos depois, o mesmo sucesso.

1984-88 Funda, com Jacques Derrida, o *Collège International de Philosophie*, torna-se *distinguished professor* da Universidade de Irvine na Califórnia, e a Universidade de Paris VIII-Saint-Denis lhe concede o título de "professor emérito". Participa do debate suscitado pelo "caso Heidegger", com o livro *Heidegger e "os judeus"*.

1991 Por ocasião da guerra do Golfo, assina, com outros sete intelectuais franceses (dentre os quais Alain Finkielkraut e Alain Touraine), um artigo publicado no jornal *Libération*, de 21 de fevereiro, que suscita muitas polêmicas. Seu título: *Une guerre requise* [Uma guerra requerida]; Deleuze e René Schérer publicam outro, no sentido contrário, *La guerre immonde* [A guerra imunda].

1996 Já enfraquecido por um tipo grave de leucemia, surpreende com um livro dedicado a André Malraux. Numa entrevista concedida ao jornal *Libération*, declara, no entanto: "a biografia é a imbecilidade... um convite a ler o livro como uma grande reflexão sobre a vida, o amor e, sobretudo, *a morte*".

1998 Morre em 21 de abril, deixando inconclusa uma obra sobre santo Agostinho. O primeiro ministro francês, Lionel Jospin, dedica-lhe um editorial em que o define "incontestavelmente como uma das figuras marcantes da filosofia francesa contemporânea, [...e], por tê-lo conhecido [...] um homem caloroso e encantador".

Abreviações

Os títulos das obras de Lyotard citadas no texto se encontram abreviados da seguinte forma:

AJ *Au juste*. Paris: Christian Bourgois, 1979 (com Jean-Loup Thébaud).
CA *La Confession d'Augustin*. Paris: Galilée, 1998.
CP *La Condition postmoderne*. Paris: Minuit, 1979. [Ed. bras.: *A condição pós-moderna*. Rio de Janeiro: J. Olympio, 2004.]
DMF *Dérive à partir de Marx e Freud*. Paris: UGE, 1973.
DF *Discours, figure*. Paris: Klincksieck, 1971.
DI *Le différend*. Paris: Minuit, 1983.
DP *Des dispositifs pulsionnels*. Paris: UGE, 1973 (a edição citada é a segunda: Paris: Christian Bourgois, 1980).
EL *Economie libidinale*. Paris: Minuit, 1974.
E   *L'Enthousiasme: la critique kantienne de l'histoire*. Paris: Galilée, 1986.
GK "Grundlagenkrise". In *Neue Hefte für Philosophie,* H. 26, 1986, p. 1-33.
HJ *Heidegger et "les juifs"*. Paris: Galilée, 1988. [Ed. bras.: *Heidegger e "os judeus"*. Petrópolis: Vozes, 1994.]
HU "Histoire universelle et différences culturelles". *Critique*, nº 456, 1985 (atualmente em PEE, 39).

IH   *L'inhumain*. Paris: Galilée, 1977. [Ed. port.: *O inumano*. Lisboa: Estampa 1989.]
IP   *Instructions païennes*. Paris: Galilée, 1977.
LAS *Leçons sur l'analytique du sublime*. Paris: Galilée, 1991. [Ed. bras.: *Lições sobre a analítica do sublime*. Campinas: Papirus, 1993.]
LE   *Lectures d'enfance*. Paris: Galilée, 1991.
LL   "Logique de Lévinas". In: Vários autores. *Textes pour Emmanuel Lévinas*. Paris: J.-M. Place, 1980.
MP   *Moralités postmodernes*. Paris: Galilée, 1993.
PH   *La phénoménologie*. Paris: PUF, 1954 (citamos a 11ª edição corrigida, 1992). [Ed. port.: *A fenomenologia*. Lisboa: Edições 70, 1986.]
PP   *La partie de peinture* (com Henri Maccheroni). Cannes: Maryse Candela (citamos a edição franco-italiana, Florença: La Casa Usher, 1986).
PE   *Pérégrinations*. Paris: Galilée, 1990. [Ed. bras.: *Peregrinações*. São Paulo: Estação Liberdade, 2000.]
PEE *Le postmoderne expliqué aux enfants*. Paris: Galilée, 1988 (citamos a edição do Livre de Poche).
QP   *Que peindre? Adami, Arakawa, Buren*. Paris: La Différence, 1987.
RP   *Rudiments païens*. Paris: UGE, 1977.
SM   *Signé Malraux*. Paris: Grasset, 1996. [Ed. bras.: *Assinado Malraux*. Rio de Janeiro: Record, 1988.]
TI   *Tombeau de l'intellectuel et autres papiers*. Paris: Galilée, 1984.
TU   *Un trait d'union* (com Eberhard Gruber). Grenoble: PUG, 1993.

1
O filósofo e o sofista

> O Estrangeiro: [...] a arte baseada na opinião, que é uma parte da arte da contradição [...] que tem a ver com a arte de produzir imagens, [...] que se especializa nos discursos e edifica reputações, esta é, pode-se dizer, "a linhagem e o sangue" de que o verdadeiro sofista descende, e com isso se dirá, no meu entender, a exata verdade.
>
> Platão, *O sofista*

O processo do sofista

Essas palavras, que harmonizam de modo solene a conclusão de um dos "diálogos da maturidade" de Platão, não deixam dúvidas acerca das intenções de seu autor. Na história da humanidade ocidental, o primeiro projeto sistemático de fundação da razão, o projeto platônico, parece só poder realizar-se plenamente se o filósofo representado aqui pelo Estrangeiro de Eléia conseguir revelar e dar a conhecer a seu associado de discurso a verdadeira essência de seu rival mais temível: o sofista.

No decorrer do diálogo, Platão dá seis definições de seu adversário, articuladas pelo método dialético de divisão por gêneros. As cinco primeiras caracterizam a sofística como uma arte da persuasão e da disputa exercida com o intuito de ganhar dinheiro sob o pretexto de trocar conhecimentos e ensinar a virtude. A sexta definição mostra que o sofista é, antes de tudo, um "antilógico", um "enfeitiçador", um "imitador". Mestre na arte de contraditar, ele não passa da imagem invertida, o "simulacro" do filósofo. Sua única razão de ser é o não-ser, a aparência e a ilusão.

Teeteto, o discípulo, aprovou todas as definições que o Estrangeiro lhe propôs. Mas só depois de retomar a sexta definição, após um longo desvio demonstrativo que permitiu ao filósofo exibir todo o poder lógico do método dialético, é que as convicções e as certezas finalmente se formam. A diferença entre o verdadeiro e o falso, o ser e o não-ser, o filósofo e o sofista estando estabelecidas, o discípulo profere então as palavras conclusivas que, como o raio, atingem o adversário como um juízo definitivo. "É um sofista!... esta é a pura verdade", afirma Teeteto com vigor, como para enfatizar que a astúcia oratória do sofista não poderá mais atingi-lo. O diálogo chega então ao fim, e o silêncio que invade a cena condena definitivamente o sofista ao mundo da aparência, do falso saber e do não-ser. "Juízo final", que equivale à morte.

Ora, *de acordo com o ensinamento de Platão, alertados pelas definições e os exemplos que ele nos ofereceu, podemos afirmar, com a convicção de Teeteto, que este que respondia pelo nome de Jean-François Lyotard era um sofista?*

O requisitório público

22 de abril de 1998. Ao anunciar a morte de Lyotard, muitos jornais europeus utilizaram, nos seus títulos, palavras reveladoras: "Em meio à disputa", "Historietas nunca mais", "Tudo não passa de um jogo", "Luto sem

tristeza". Os comentários que se seguiram foram igualmente amargos. Aqueles que se recordavam do grande orador, do temível retórico, ressaltavam sua vontade de persuadir e de surpreender, de provocar a discussão para obter, é claro, dinheiro e fama ("O livro que o tornou famoso, *A condição pós-moderna*, segundo dizem, não nasceu de uma *encomenda* de um rico e poderoso cliente, o governo do Quebec?"). Aqueles que se interessavam mais pelas questões teóricas, observaram seu entusiasmo repentino pela doutrina wittgensteiniana dos "jogos de linguagem", seu criticismo exasperado que o levou a uma leitura esmiuçadora do texto kantiano, e assinalaram, é claro, o pouco respeito que o profeta do pós-modernismo sempre havia demonstrado pela "verdade". Os temperamentos apaixonados por casos autobiográficos sobrepuseram os traços do autor de *Assinado Malraux* àqueles do seu "herói", primeiro aventureiro e revolucionário, depois ministro do general De Gaulle. Lembraram então seus múltiplos amores, rostos e reviravoltas, o engajamento de juventude na causa argelina e as declarações, na maturidade, em favor da guerra do Golfo. E, para concluir, podiam identificar com certa complacência os lugares típicos de um roteiro clássico; a mudança de endereço, da "margem esquerda para a margem direita do Sena". Em suma, superando desta feita qualquer barreira cultural e política, os arautos da opinião pública de todas as línguas e nações pareciam reconhecer-se, solidários, no seguinte juízo: *"Jean-François Lyotard era um sofista"*.

Sem nos deixar intimidar pela maledicência, um pouco suspeita, da "opinião pública", prossigamos com nossa pesquisa interrogando a parte mais diretamente implicada. Os *filósofos* também entendem que este que poderia ter passado por alguém de sua "linhagem e seu sangue", não era na realidade senão um imitador, um simulacro, um falso semblante, isto é, um *sofista*?

O descontentamento filosófico

O primeiro a tê-lo insinuado foi, ao que parece, o último herdeiro da Escola de Frankfurt, Jürgen Habermas. Em seu discurso ao receber o prêmio Adorno, em 1980, Habermas iniciou um debate que até hoje não está fechado.[1] Naquela ocasião, Habermas tomava posição contra esta corrente da filosofia contemporânea que, levando ao extremo a atitude crítica dos "mestres da desconfiança" (Marx, Nietzsche e Freud), decretou o fim de todo discurso de emancipação fundado nas noções universais de razão, de sujeito e de história. Reduzindo o "discurso filosófico da modernidade" – o discurso de uma humanidade trabalhadora e dialogante que se realiza na história como sujeito livre racional – a uma simples "narrativa" entre outras, essa corrente hipercrítica tinha, segundo ele, aberto as portas a um novo conservadorismo particularmente insidioso. Nessa corrente, Habermas propunha distinguir três reagrupamentos principais: os jovens, os velhos, e os neoconservadores. Sendo esses últimos os mais perigosos, o retrato que Habermas pintou deles é particularmente severo: os neoconservadores são *novos sofistas* que se "inclinam" diante do poder da ciência e da técnica modernas, e reduzem qualquer discurso acerca do justo e do verdadeiro a um simples "jogo de linguagem", a um exercício retórico de autopersuasão.

Entre os neoconservadores, Habermas não cita nenhum autor contemporâneo, mas algumas pessoas reconheceram nesse retrato um ataque contra o autor de

---

1. Cf. "Die Moderne: ein unvollendetes Projekt", in J. Habermas, *Kleine politische Schriften*, Frankfurt am Main, 1990 (trad. franc., "La modernité d'un projet inachevé", *Critique*, nº 413, 1981). As idéias centrais desse texto foram desenvolvidas por J. Habermas, *Der philosophische Diskurs der Moderne*, Frankfurt am Main, 1985 (ed. bras., *O discurso filosófico da modernidade*, São Paulo, Martins Fontes, 2002).

A condição pós-moderna. Dentre eles, ao que parece, o próprio Lyotard.[2] Em um pequeno livro que tenta organizar um debate "nunca ocorrido" entre Habermas e Lyotard, Manfred Frank, filósofo bastante próximo da "teoria crítica" habermasiana, aprofunda a crítica dirigida a Lyotard – que seria um defensor do "liberalismo conservador" – mostrando como a doutrina do diferendo do filósofo francês se aproxima do agonístico linguageiro e dos "paradoxos performativos" dos antigos sofistas.[3] O mais importante representante contemporâneo da tradição pragmática americana, Richard Rorty, parece, aliás, partilhar uma opinião análoga. Numa interlocução amável com Lyotard, Rorty alerta o filósofo francês de que sua crítica radical das Luzes, da racionalidade e do progresso acaba por não aceitar rigorosamente nada. Segundo Rorty, essa radicalidade crítica só pode ser "retórica", uma vez que a troca de opiniões entre eles, cortês e democrática, é a própria prova dessa racionalidade discursiva.[4] Um pouco menos diplomático e mais maldoso foi, em contrapartida, o patriarca da hermenêutica filosófica, Hans-Georg Gadamer, numa conferência pronunciada no Collège International de Philosophie de Paris. Declarando-se partidário da moral do diálogo e da compreensão mútua, Gadamer se queixava na realidade da má tendência manifestada por alguns "povos" de

---

2. Ver a seca réplica de Lyotard dirigida ao "professor Habermas", em um artigo publicado algum tempo depois: "Resposta à questão: o que é o pós-moderno?" (agora em PEE, 12). Segundo Walter Reese-Schäfer, a irritação de Lyotard se deve mais ao fato de se saber ignorado por Habermas – tanto nesse texto como em *O discurso filosófico da modernidade* – do que pela crítica em si. Cf. Walter Reese-Schäfer, *Lyotard zur Einführung*, Hamburgo, Junius, 1988-1995, p. 99.
3. Cf. Manfred Frank, *Die Grenzen der Verständigung*, Frankfurt am Main, Suhrkamp, 1988, p. 79-80.
4. Cf. R. Rorty, "Le Cosmopolitisme sans émancipation (en réponse à Jean-François Lyotard)", in HU, 569-80.

transformar toda discussão em um "diferendo". Sem ter sido diretamente citado, Lyotard aparecia ali, em suma, como o representante de uma nova e temível "sofística nacional".[5]

Em outras palavras, com o tom solene que já conhecemos, a sentença de Teeteto reaparece na fala dos filósofos de nossa época e atinge Lyotard com uma sentença sem apelação: ... *sofista*!

A idade dos sofistas

Antes de passar a palavra ao nosso sofista, tentemos assim mesmo compreender se a idéia que fizemos até agora dessa figura não é demasiado estreita, e se uma atitude menos prevenida não conviria melhor à nossa pesquisa. Na realidade, é surpreendente descobrir indícios favoráveis ao "acusado" em um dos mais fiéis discípulos contemporâneos de Platão, Alain Badiou. Em muitas ocasiões, Badiou ressaltou a necessidade de traçar, hoje novamente, uma linha nítida de separação entre filosofia e sofística. Para isso, propõe uma definição articulada em dois pontos principais. O primeiro ponto, que se encontra na realidade muito próximo das definições de Platão, diz respeito à relação que o sofista mantém com a *linguagem* e a *verdade*.

> Pois o que o sofista, antigo ou moderno, pretende impor, é precisamente que não existe verdade, que o conceito de verdade é inútil e incerto, pois só existem convenções, regras, dos gêneros do discurso ou dos jogos de linguagem.[6]

---

5. Cf. Hans-Georg Gadamer, "La différence des langues et la compréhension du monde", in Jacques Poulain (ed.), *Penser au présent*, Paris, L' Harmattan, 1997.
6. Alain Badiou, *Conditions*, Paris, Seuil, 1992, p. 62.

Nos próximos capítulos, teremos diversas ocasiões para retomar esse ponto fundamental, assim como para analisar os conceitos de "regra", "gênero de discurso" e "jogo de linguagem", essenciais à compreensão da estratégia discursiva de nosso sofista. Aqui iremos nos concentrar no segundo ponto.

Desvincular-se do sofista é uma das primeiras tarefas do filósofo, e essa desvinculação passa necessariamente pela redefinição da relação entre "linguagem" e "verdade". Segundo Badiou, no entanto, essa tarefa não deve nos impedir de reconhecer na figura do sofista uma função positiva e até mesmo necessária ao pensamento. Ao tentar traçar essa demarcação, o filósofo deve sobretudo resistir à tentação *de acabar de uma vez por todas com o sofista*, de livrar-se de seu adversário obrigando-o a "calar-se" para sempre, pois com isso o pensamento se expõe inevitavelmente ao risco do *terror*. Para esclarecer esse ponto, Badiou recorre uma vez mais a Platão, não ao "anti-sofista" ferrenho já mencionado por nós, mas ao jovem filósofo dos "diálogos socráticos":

> O jovem Platão sabia que era ao mesmo tempo necessário pôr de lado os ziguezagues sutis da sofística, e educar-se a partir deles acerca da essência das questões de seu tempo. O mesmo acontece conosco. Que a transição em andamento entre a idade das suturas e a idade de um recomeço da filosofia veja o reino dos sofistas, é muito natural. A grande sofística moderna, linguageira, estetizante, democrática, exerce sua função dissolvente, examina os impasses, traça as linhas gerais do que é contemporâneo. Não prescindimos dela, assim como Pascal não prescindia do libertino: ela nos alerta sobre as particularidades do tempo presente.[7]

---

7. Alain Badiou, *Manifeste pour la philosophie*, Paris, Seuil, 1989, p. 80.

O filósofo deve reconhecer, portanto, nesse "duplo" que o sofista é, uma função essencial. A "nobre função" da sofística é de *"abrir" o pensamento do tempo presente, de fazer o retrato do seu tempo*. É unicamente se submetendo, sustenta Badiou, às provas que lhe são impostas pelo seu tempo, que a filosofia pode satisfazer sua tarefa mais essencial, que é submeter a sua época à prova do *eterno*. Mas, é preciso se perguntar, de que modo a filosofia se abre concretamente às questões do seu tempo? E quais são essas "singularidades de nossa época" para as quais nosso sofista Lyotard nos educa?

O fim da História

Referindo-se explicitamente a Lyotard, Badiou cita apenas uma, a mais terrível, a mais difícil de aceitar para o pensamento, a que porta o nome de *Auschwitz*. Por que *Auschwitz*? Porque Auschwitz é esse "acontecimento" de nossa época que, por sua realidade intolerável mostra, de modo indiscutível, a falsidade dessa filosofia que pretendia ter por objetivo dar um sentido unitário e definitivo aos destinos do Ocidente, a filosofia de Hegel. É o próprio Lyotard quem nos explica do seguinte modo:

> Tudo o que é real é racional, tudo o que é racional é real: Auschwitz refuta a doutrina especulativa. Quando nada, esse crime, que é real, não é racional. (HU, 563; PEE, 46)

A realidade de Auschwitz, argumenta Lyotard, não pode ser compreendida como uma "fase negativa" desse processo dialético graças ao qual a Razão humana se realizaria na história. Tentar integrar esse acontecimento terrível a uma idéia qualquer de progresso e de devir racional significaria conferir-lhe um sentido e uma função, afirmando, portanto, que tal acontecimento "foi necessário". Ver nesse fato uma "astúcia da história", graças à qual a humanidade teria ingressado em uma idade mais madura, significaria realizar o mais terrível dos crimes especulativos, pois, em nome da humanidade e de seu devir, em nome do Bem e da Totalidade, isso legitimaria a exterminação física e moral de milhões de "singularidades". Para Lyotard, assim como para Adorno, Auschwitz é um "absoluto negativo", um *fato irracional último* que não pode ser reduzido, resolvido, explicado. Auschwitz é o nome do fim da *História*.

Na sua incomensurável negatividade, Auschwitz é uma singularidade de nosso tempo, pois sua realidade não se deixa resolver e integrar no tempo universal da Idéia, da Razão, do Ser, de que as grandes filosofias sempre se sentiram as porta-vozes. Para Lyotard, Auschwitz é esse fato histórico que força a reflexão a se interrogar profundamente acerca dos seus deveres intrínsecos, pois depois de Auschwitz não é mais possível pensar a política, a arte, a ciência e a filosofia como antes se fazia. Auschwitz é esse "acontecimento total" que abre uma ferida que não "cicatrizará" mais, ferida de onde se entrevê esse *Outro* que o Ocidente sempre recalcou, esse "outro do Ser", que é o Outro judeu. Auschwitz transforma em sonhos os projetos de reconciliação e Redenção da modernidade cristã e inaugura a época da pós-modernidade judaica, a época da espera frustrada, do êxodo metafísico, da Lei "inapresentável" (HJ, 77; LE, 74). Uma das tarefas deste trabalho seria, portanto, interrogar-se sobre o sentido e o valor das reflexões que Lyotard consagrou a esse acontecimento trágico.

Testemunhar o acontecimento

Mas o retrato que o sofista pinta de nossa época não pára aí. Poder-se-ia mesmo afirmar que a tarefa primeira que Lyotard reservou para sua obra foi promover a identificação mais exaustiva possível das singularidades que caracterizam nosso tempo em todas as áreas da vida e do pensamento. Vêm integrar a lista dos acontecimentos políticos a partir daí os nomes dos crimes e das revoltas que pontuaram o final do comunismo...

> Tudo o que é proletário é comunista, tudo o que é comunista é proletário: "Berlim, 1953; Budapeste, 1956; Tchecoslováquia, 1968; Polônia, 1980" (passo por cima disso) recusam a doutrina materialista histórica: os trabalhadores se erguem contra o partido. (HU, 563; PEE, 46)

... e os nomes dos acontecimentos que assinaram as crises do liberalismo parlamentar e os desfalecimentos da socialdemocracia:

> Tudo o que é democrático é pelo povo e para o povo, e inversamente: "Maio de 1968" refuta a doutrina do liberalismo parlamentar. O social cotidiano é mais forte que a instituição representativa. – Tudo o que é livre jogo da oferta e da procura é propício ao enriquecimento geral e inversamente: "as crises de 1911, 1929" refutam a doutrina do liberalismo econômico. E a "crise de 1974-1979" refuta o arranjo pós-keynesiano dessa doutrina. (HU, 563; PEE, 46)

É quase inútil observar quanto essa escrupulosa atividade de identificação e nomeação fez de Lyotard uma testemunha lúcida e "desconfortável" de nossa história.

E isso de modo quase profético, como ele demonstra ainda muito jovem, antes mesmo de seu engajamento a favor da Argélia.

> [...] a consciência do que somos, e principalmente do que não somos, sobreveio de modo mais aguçado e decisivo, porque, na época em que um rapaz de 14 ou 15 anos procurava esclarecer ou enganar seus próprios enigmas, a história o forçou a meter o nariz nos dela, e porque no presente, que é este em que o mesmo rapaz tenta recuperar seu alinhamento de classe, a história uma vez mais lhe solicita o desprezo dos compromissos para consigo mesmo. O mal-estar faz nosso isolamento, a preocupação de ver claro nossa aderência ao século.[8]

O político não é, no entanto, o único domínio pelo qual o "sofista" se interessa. Vanguardas picturais e musicais do início do século, até Cage, Boulez, Arakawa, Buren ou Baruchello, a lista dos acontecimentos artísticos que para Lyotard caracterizaram nossa época é longa e está sempre aberta à novidade imprevisível. Muito rica em referências também a série de acontecimentos que marcaram as ciências de nosso século, referências que, como se poderá verificar, em seguida, comportam geralmente *passagens* e *analogias* com a arte e a política. De Hilbert, Gödel, Heisenberg, a de Broglie, da crise dos fundamentos da matemática e da física às ciências contemporâneas da informação, da cibernética à teoria do caos e dos sistemas abertos – à reflexão epistemológica que os acompanha –, Lyotard sempre demonstrou um interesse por essa área do pensamento que não deve ser ignorado. Esse interesse nos

---

8. Cf. "Témoignage. La génération de 1925", *Les Temps Modernes*, nº 32, 1948. No que concerne à Argélia, cf. os artigos escritos para *Socialisme ou Barbarie* entre 1956 e 1963 e reunidos em *La Guerre des algériens*, Paris, Galilée, 1989.

obrigará daqui para frente a analisar com certo cuidado essa recriminação a partir de então clássica, segundo a qual o sofista seria tão simplesmente um "antilógico" e um irracionalista, assim como o oposto, que só quer ver nele um humilde servidor da ciência e da técnica.

O advogado da "sensação"

O que conferiu, no entanto, ao testemunho de nosso "sofista" muito da sua atualidade e de sua acuidade foi a atenção dedicada por ele aos acontecimentos de nosso tempo, que os "filósofos profissionais" deixam muitas vezes, e de bom grado, a cargo da imprensa de opinião: a globalização industrial e midiática, a "metropolização" do planeta e sua contemporânea "desertificação", a perda da infância, o recalque da angústia e da morte, o esquecimento da diferença sexual, o "esvaziamento" da intimidade e da individualidade. Para Lyotard, esses acontecimentos sociais, éticos e existenciais são efetivamente os signos mais evidentes de um fenômeno comum a todas as áreas da vida e do pensamento, de um fenômeno progressivo de *anestesia coletiva e generalizada, de insensibilidade crescente diante do dado sensível, diante do sentimento e da sensação*. Veremos que o diagnóstico desse sentimento ameaçador ocupa um lugar muito importante para Lyotard: é em torno dele que se desenvolve um dos argumentos centrais de sua estratégia defensiva, argumento que é de fato uma acusação da filosofia.

A filosofia, diz-nos Lyotard, é esse discurso que sempre afirmou a superioridade do modo conceitual com relação aos "outros" modos, intuitivos e sensíveis, de apreensão da realidade. Em razão desse "logocentrismo", ela se encontra profundamente "implicada" no processo de "pauperização" da sensibilidade que caracteriza nossa sociedade de consumo. No mundo pós-Auschwitz, argumenta Lyotard, qualquer aspecto da vida e do agir se encontra submetido a um "processo de racionalização", a uma atividade de manipulação e de transformação que só tem um objetivo: *ganhar tempo*. Esse processo de anulação do tempo e de "reprodução digital" de sucedâneo [*ersatz*] de sensação anuncia, então, um novo perigo totalitário a que estaríamos, todos nós, nos dias de hoje, novamente expostos, e do qual Platão e Hegel seriam, novamente, os inspiradores e cúmplices. Como essa breve exposição já pode nos indicar, as questões do sofista são mais sérias do que se poderia imaginar.

Nos próximos capítulos voltaremos a esses temas e à pertinência dessa crítica "estética". Por ora, ela nos permite determinar o terceiro ponto de "definição" que nos servirá de fio condutor. Em primeiro lugar, como vimos, o sofista se apresenta como crítico da "verdade" e como "senhor" dos gêneros de discurso e dos jogos de linguagem. Em segundo, pretende ser a testemunha lúcida de seu tempo, o único que poderia nos educar para as questões de nossa época. Em terceiro, descobrimos que se o filósofo não deve ceder ao desejo de amordaçar o sofista é também porque o sofista se revela o melhor defensor do lado passivo, sensível, receptivo e "feminino" do Pensamento, é o advogado do *sentimento* e da *sensação*. É do que está em jogo nesse processo que Lyotard nos torna conscientes desde a sua primeira grande obra:

> O sensível se encontra separado do sensato de modo irremediável [...] Pode-se dizer que a árvore é verde, mas com isso não teremos posto a cor na frase. (DF, 41, 52).

Sem perder de vista esses dois últimos pontos (tempo e sensação), passemos a palavra a Lyotard, começando pelas obras desse período intermediário – período "pagão" – em que nosso autor se identificou com a imagem mais clássica do sofista, esta que o considera senhor da "pragmática" da linguagem e crítico ferrenho da "Verdade" filosófica.

Um contra-ataque pragmático

O sofista está pronto, portanto, para o contra-ataque. Sua estratégia defensiva revela-se realista, eficaz, pragmática. Ela rejeita a dialética, que é "negativa", em favor da retórica, que é "afirmativa". Recusa a ironia socrática e escolhe o humor sofístico. Após Nietzsche, nos ensina que não se pode jamais criticar diretamente as "verdades" do outro, mas que é possível, todavia, se "deslocar" com relação a seu ponto de vista, a sua "perspectiva". Para esse contra-ataque, faz-se necessária apenas uma condição: que aquele que era objeto do discurso de seu adversário saia de seu silêncio e se torne por sua vez *narrador* de um *relato* em que seu oponente passa a ser agora o *narrado* (IP, 48). Vejamos em que perspectiva o discurso astucioso do sofista tenta situar seu adversário, o filósofo:

> Platão declara que os oradores, poetas e sofistas são impostores, mas só pode fazê-lo na medida em que ele já se acredita ser certamente o contrário deles, um filósofo.
> Consideremos um instante esse movimento de êxodo, de emancipação, de crítica e de inversão. Ele recorre às mesmas armas de seu inimigo. (RP, 234)

A identidade do filósofo é que arca, portanto, com os custos desse deslocamento de perspectiva operado pelo sofista. Esse deslocamento mostra-se, aliás, tipicamente "pragmático", pois nos sugere analisar o discurso de Platão pondo entre parênteses suas pretensões à verdade, e concentrando nossa atenção nos procedimentos prático-lingüísticos reveladores das intenções secretas que o comandam. *Sob* as definições que o método dialético extraiu, o sofista revela procedimentos que fornecem à argumentação do filósofo seu rebaixamento concreto. Graças a esse movimento *para baixo*, o discurso daquele "que não quer ser enganado, que deseja a verdade [...], palavras sem armadilhas, pensamentos intranscritos, e que desacredita como ideologia e disparidade os discursos em que julga detectar o fingimento[...]" (IP, 44-45), revela-se desse modo entrelaçado nos artifícios retóricos, tecido por metáforas e ficções míticas, animado por uma encenação que o torna indiscernível do discurso do qual pretende se distinguir radicalmente:

> Mostraremos em outro lugar que o diálogo platônico se forja à custa de decisões, umas explícitas, isto é, enunciadas nos *Diálogos,* outras implícitas, ou assumidas em cena por interlocutores, que essas decisões tomadas pelo encenador correspondem a volteios infiltrados no texto que os heróis platônicos recitam ou nas indicações cênicas que eles têm de respeitar, e que os efeitos que daí resultam não são diferentes por natureza daqueles que podem ser obtido por um orador, um sofista, um poeta, ou um dramaturgo. (RP, 235)

O discurso da verdade, diz-nos o sofista, só pode desenvolver seu poder de discurso tornando-se narrativa *em ato*, sendo encenado *como* se fosse um discurso de ficção, lançando mão dos mesmos recursos discursivos de seus adversários, ou seja, do poder mais radical da linguagem, do poder de fabulação, da *narração*. Para o sofista, todo discurso, mesmo o mais sábio, o discurso da ciência ou da filosofia – é inseparável desse poder "ficcionante" intrínseco à linguagem, desse poder mimético, imitativo, metafórico, *analogético*. A conclusão "lúcida e honesta" do sofista a partir daí é a seguinte: nunca se está certo ou errado, mas se é sempre sedutor ou seduzido. Pois, antes mesmo do nosso nascimento e até mesmo depois de nossa morte, encontramo-nos "à mercê" de uma *narrativa* da qual somos a vítima ou o herói.

> Eis aí novamente a pragmática narrativa: como narrador, narratário ou narrado de uma narrativa que nos implica, estamos situados na sua dependência. E na realidade estamos sempre à mercê de alguma narrativa, já nos disseram sempre alguma coisa e já fomos sempre ditos. (IP, 47)

Destinador, destinatário, referência

Tentemos, no entanto, compreender melhor o que Lyotard entende por pragmática narrativa. No que concerne às ciências da linguagem, a palavra "pragmática" foi introduzida por volta do final da década de 1930, pelo filósofo e semiólogo americano Charles Morris, para designar uma disciplina que estuda os efeitos comunicacionais da linguagem independentemente do valor "sintático e semântico" dos enunciados intercambiados, isto é, independentemente da coerência lógica e da verdade do "que é dito" no discurso. Seu objeto específico é o conjunto dos efeitos de crença, de convicção e de persuasão que as palavras introduzem nos parceiros que interagem por meio da linguagem. A "pragmática" é, em suma, uma disciplina que gostaria de *descrever* de modo sistemático e neutro essa área dos fenômenos da linguagem que a retórica tentava outrora *normalizar* em função de critérios e objetivos determinados: artísticos, eróticos e políticos.

Na versão lyotardiana dessa disciplina, a análise pragmática se desenvolve em torno de três instâncias principais, denominadas de modos diferentes de acordo com os textos nas quais aparecem. A *primeira* dessas instâncias está designada pelos termos "narrador", "locutor", "emissor", "destinador", e representa, portanto, o pólo *ativo*, a fonte da mensagem lingüística. A *segunda*, a instância passiva e receptiva que é simétrica à primeira, é designada às vezes pelo termo "narratário" e "locutório", às vezes por "recepção" e "destinatário". A *terceira instância*, que denota o conteúdo ou mesmo o objeto da mensagem, é designada como "narrado", "diegese", "referente" ou "referência".

O "destinador", o "destinatário" e "a referência" – para ficarmos com essa terminologia, que não é a mais simples, mas que se revelará mais tarde útil a nossa pesquisa – são, portanto, instâncias presentes em qualquer discurso. A idéia mestra de Lyotard é, no entanto, que essas três instâncias são suficientemente indeterminadas em sua natureza para instaurar entre elas uma pluralidade de relações possíveis, uma multiplicidade de papéis regulados por procedimentos de intercâmbio, alternância, subordinação, superposição. A tarefa da análise pragmática é, pois, definir a cada vez a relação instaurada entre essas três instâncias, relação que se encontra no fundamento desse conjunto singular de condições, modalidades e objetivos discursivos que caracterizam uma pragmática histórica, concreta e singular, de linguagem.

A pragmática de Platão

Retomemos, portanto, a análise lyotardiana da pragmática filosófica. De que o sofista acusa Platão? De reduzir a multiplicidade das formas discursivas a uma única, *dizer o verdadeiro*. Essa redução é, na realidade, uma tripla redução, pois age contemporaneamente sobre as três instâncias pragmáticas: o destinador, o destinatário e a referência.

Tentemos analisar primeiro a redução mais simples, aquela que o "filósofo fictício", o Estrangeiro de Eléia, impõe ao "destinatário", a fim de aceitá-lo enquanto interlocutor numa discussão cujo objetivo é engendrar "a homologia dos dois adversários":

> O Estrangeiro do *Sofista* declara de antemão que só aceitará como interlocutores parceiros que, a exemplo dos potros, "não sejam desobedientes e se deixem docilmente guiar", se não, acrescenta sem artifício, "é melhor monologar". (RP, 239)

Nesse diálogo platônico, a instância receptiva está, portanto, submetida a condições discursivas ideais, devido às quais o destinatário torna-se o homólogo de seu parceiro, isto é, seu *discípulo*. O "destino" do discípulo é de fato tomar o lugar do mestre e reproduzir as condições pragmáticas singulares que permitirão, ao gênero especial de discurso que é a filosofia, perpetuar sua identidade numa *tradição* institucionalizada:

> É assim que, no vértice de nosso triângulo [pragmática], edifica-se, para entender a teoria, uma figura ausente das outras artes, a do discípulo. [...] Assim se acha, se não anulada, ao menos posta sob vigilância, uma das três instâncias em que se aplica a eficácia das obras. Trata-se da instância do público, esta cujos deslocamentos que as forças da arte lhe podem imprimir são talvez os menos fáceis de prever, de controlar e de verificar – como qualquer dramaturgo, pintor, músico, político, bem sabe e apreende. Assim, acha-se igualmente circunscrita uma área especial, *escolástica*, tendo se tornado hoje por assim dizer o espaço da liberdade universitária, onde esse diálogo fictício que é o discurso teórico pode se sustentar

a salvo do público comum, de suas "modas" e de suas modernidades. (RP, 240-41)

Observaremos que Lyotard apresenta aqui o discurso filosófico como o "protótipo ideal" do discurso teórico, do discurso que tem como questão o verdadeiro, o qual, do ponto de vista da instância do narratário, opõe-se, portanto, radicalmente aos discursos que têm por questão o belo e o justo, a arte e a política. Essa oposição torna-se ainda mais evidente se considerarmos as condições que o discurso teórico impõe à "referência". Se, em arte e em política, ninguém pensa poder julgar a obra a partir da *adequação à sua referência*, essa condição parece, em contrapartida, necessária ao discurso que tem como questão o verdadeiro. Com sua doutrina da *mímesis* da Idéia do Bem, Platão é, uma vez mais, exemplar:

> Esse estar perdido nos problemas da adequação é, ao contrário, o feito constante da arte teórica. É esta que faz a referência de seu discurso enfrentar um destino que não é menos singular do que imposto ao seu destinatário. Ali, onde as outras artes assumem alegremente, mesmo quando é doloroso, o princípio de que só existe referente significado em uma obra, qualquer que seja o material desta, a arte teórica parece ter necessidade da hipótese inversa; necessita de uma referência independente do que pode dizer. Tal referência foi designada por muitos nomes, desde a idéia do Bem até a Infra-estrutura ou o Ser. Mas todos os sistemas e os anti-sistemas que puderam e poderão fazer valer seus direitos ao Verdadeiro não o alcançarão, a não ser que invertam a relação de sua obra de linguagem com isso de que ela fala. (RP, 242-43)

Essa inversão da relação que liga, de modo "construtivo", a linguagem a isso de que ela fala, é a causa principal da má-fé do teórico, dessa *ficção de não ficção* que acompanha todas as "criações" do filósofo. Paul Valéry afirmou um dia que o filósofo é um "artista das palavras" disfarçado, um artista que não tem consciência dos *artifícios* de sua arte. De acordo com Lyotard, ao contrário, essa vontade de negar o fato, evidente para o pintor ou para o romancista, que "é o trabalho das palavras que *finge* ou molda a referência", mais do que o efeito de uma falta de consciência, é uma regra comum, uma condição *universalmente* compartilhada por esse gênero de discurso *particular* que o discurso teórico é:

> *Non fingo*[9] é seu artigo de fé mais comum. Em virtude dele é que aquele que quer ser filósofo deve fazer que seja ignorado como artista, por si mesmo inclusive, de quem deve disfarçar o desejo de fingir que organiza seu discurso em um querer-a-verdade de sua referência. (RP, 242-43)

Essa inversão da relação entre linguagem e sua referência está estreitamente ligada, além disso, à terceira redução característica do discurso filosófico-teórico, aquela que se realiza com relação à *autoridade do autor*. Graças à *ficção de não ficção*, o enunciador-narrador não se julgará mais a autoridade de seu próprio discurso, pois delegará essa autoridade à sua referência mesma. É, portanto, o Ser que se expressa por meio de seu discurso e não mais o narrador que *finge* e *molda* o Ser pela sua narração. Para Lyotard, o discurso teórico é, portanto, indiscernível do discurso religioso, pois pretende receber

---

9. "*Fingere*: 1. Moldar (uma matéria), formar, figurar; em particular, modelar, esculpir. 2. Polir, arranjar, ajustar. 3. No *sentido figurado*, moldar, formar, erguer, instruir. 4. Fazer [...]. 5. Imaginar, inventar, meditar. 6. Representar-se, supor." Charles Lebaigue, *Dictionnaire latin-français*, Belin (1918), p. 502-3 – NDE.

sua autoridade de uma referência que existe independentemente da linguagem que a molda, de uma referência "transcendente" que não é apenas o modelo do Ser, mas também do Dever. É nessa relação imitativa entre o Ser e o Dever que o sofista descobre a *ficção de não ficção* mais capciosa, esta que se encontra na origem do *terror*. É por essas razões que Lyotard julga que chegou a hora de "interromper o terror teórico", induzido por toda fé devota na verdade da Idéia, e passar da religiosidade da filosofia ao paganismo democrático e pluralista do sofista (RP, 9).

O *pecado original de Platão: a "mímesis" do Ser e do Dever*

A análise pragmática nos revelou que o discurso não é nunca uma atividade descritiva transparente, mas também um conjunto de normas práticas que regulam as instâncias discursivas. Segundo Lyotard, o sonho mais secreto do discurso teórico – desse discurso que gostaria de expressar a essência mais pura e transparente de todo discurso – não é dar simplesmente *uma* descrição absolutamente verdadeira do ser das coisas, mas fornecer com essa descrição também *a* norma absolutamente justa do que *deve ser*. Segundo Lyotard, a teoria da *mímesis* de Platão é mais uma vez paradigmática, pois seu objetivo é "derivar" o Dever do Ser, a organização do *socius* daquela da Idéia que se encontra no fundamento de todas as coisas:

> Platão pensa que, se temos uma visão "justa" (ou seja, *verdadeira*) do ser, a partir daí podemos retranscrever essa visão na organização social, com intermediários decerto (a *psyché*, por exemplo), contudo, o modelo continua sendo a própria distribuição do ser, é preciso que a sociedade repita por si só essa distribuição que

será também distribuição de capacidades, de responsabilidades, dos valores, dos bens, das mulheres e assim por diante. (AJ, 47)

Essa transferência mimética das distribuições ideais do Ser à ordem do Dever é para Lyotard o crime por excelência da filosofia, a própria essência do terror teórico. De que modo o crime se manifesta concretamente? Manifesta-se pela imposição que faz de que isso que *é* conforme à Idéia *deva* também *ser*, e isso que não é conforme à Idéia *não deva ser*, isto é, deve fugir, calar-se, desaparecer, morrer. O destino a que Platão condena aquele que julga poder "simular" a filosofia – aquele que é um imitador, não da Idéia, mas de seu porta-voz sensível, aquele que não é senão o signo do filósofo – torna-se então emblemático de muitos outros destinos condenados ao silêncio, por não estarem conformes a *uma* Idéia que se diria *modelo* e medida de todas as coisas, de uma Idéia *totalitária* do Ser:

> Eles são mestres em elogiar, cortejar, mestres em gabar o outro, em enfeitiçar (estou citando, estou citando), maus mestres [...] enfim sofistas. Mentirosos. Matem-nos duas vezes. Nem assim teriam pago o bastante por toda a sua infâmia [...] Uma vez mortos [...], jogaremos seus corpos para fora das fronteiras sem sepultura. Resta-lhes a escolha do lugar onde instalar a penitenciária: Kolima, Dachau, Colônia, Ossendorf. (IP, 52-3)

Em Lyotard, "o terror teórico" deve, portanto, ser tomado literalmente: os desastres de nosso século, com uma casuística impressionante de formas e de variações, mostram que, do terror teórico ao terror "prático", a conseqüência é sempre boa. A tarefa da reflexão é, pois, identificar esse mal radical extirpando suas raízes teóricas, raízes que se encontram, evidentemente, em Platão.

Ao tentar decalcar o Dever sobre o Ser, reduz-se a pragmática que organiza o discurso que tem como questão o *justo*, o discurso prescritivo, à pragmática própria do discurso que tem como questão o *verdadeiro*, o discurso cognitivo. Essa redução da *frase prescritiva* à *frase descritiva* é na realidade, segundo Lyotard, o modelo de toda redução: ele permite ao discurso do filósofo hipostasiar-se em uma "hiperlinguagem especulativa" que tem a pretensão de retraduzir qualquer outra linguagem no seu jargão unitário; ele permite ao discurso teórico expressar-se em uma metalinguagem englobando de *modo* totalitário toda forma de discurso. Essa metalinguagem, que pode, aliás, assumir diferentes formas – da lógica transcendental kantiana à dialética hegeliana, do formalismo lógico à hermenêutica –, sacrifica em cada caso a pluralidade das formas e dos objetivos do discurso a três valores teóricos estreitamente conexos: a *verdade*, a *unidade* e a *finalidade*.

A *eficiência científica*

Uma análise mais detida das "obras pagãs" de Lyotard nos mostraria efetivamente o "sofista" percorrendo diferentes áreas do pensamento com o intento de identificar esses nomes de acontecimentos artísticos, científicos e políticos que são do campo de uma pragmática "outra", de uma pragmática múltipla, plural, "paralógica", não devendo nada nem à verdade, nem à unidade, nem à finalidade.

Vejamos o exemplo da ciência:

> Ora, que examinemos o estado das ciências, apenas do ponto de vista da teoria científica (primeira unidade): vêem-se aí montes de enunciados, muitas vezes independentes, às vezes incompatíveis uns com os outros, cuja condição de coexistência não é integrarem uma unidade,

mesmo escondida (do gênero última instância) [em outras palavras, uma finalidade], mas que satisfaçam a um critério de operatividade. A ciência contemporânea dispõe para todo mundo ver um espaço de discurso e de prática cuja forma não é, de modo algum, definida pela *conformidade* a um objeto, nem mesmo a um princípio formal de unidade, até mesmo de compatibilidade dos enunciados entre si, mas cuja forma, qualquer uma *na verdade*, está arrebatada por um princípio de eficiência. (RP, 124)

Para o Lyotard desse "período pagão", a ciência contemporânea se subtrai às finalidades "centralistas" e totalitárias que a sociedade capitalista e imperialista pareceria impor-lhe, expressando-se como força de produção criativa e imaginativa "que deixa de lado as obrigações antes consideradas divinas, naturais, essenciais ou transcendentais" (RP, 128). Esse movimento da invenção partiu, de acordo com Lyotard, da "matemática artista" e estendeu-se progressivamente a todas as áreas do conhecimento: à física, à lógica, às ciências do inconsciente, à política.[10] A ciência mostra, em suma, uma força de transformação e de criação que permite ao sofista afirmar

---

10. Com "matemática artista", Lyotard se refere, de modo mais ou menos explícito, aos campos do saber matemático – tais como a geometria não-euclidiana, a teoria do transfinito de Cantor, a teoria dos grupos e a teoria dos modelos de Nicolas Bourbaki – que há mais de um século estão redefinindo os conceitos e os axiomas fundamentais da matemática, separando-os de todo conteúdo "real, evidente ou intuitivo", recriando-os a partir de regras e objetivos plurais, autônomos e "livremente" escolhidos. Observar-se-á como Lyotard se apropria aqui de uma determinada interpretação do valor criativo do trabalho matemático – interpretação que se desenvolveu sobretudo na França a partir das pesquisas de cientistas e epistemólogos como Henri Poincaré, Léon Brunschvicg e Gaston Bachelard –, modificando seu tom idealista originário e passando para um sentido pragmático "perspectivista", nietzschiano.

que a eficiência só vale em ciência se ela for criadora de "efeitos novos". Segundo Lyotard, a eficiência científica não pode, de fato, ser definida nem pela sua capacidade de "atingir o verdadeiro, nem de obter a felicidade, nem de demonstrar um domínio, mas de usufruir do simples poder de pôr em perspectiva, mesmo em uma escala minúscula" (RP, 130).

Em nome de um perspectivismo e de um pluralismo criadores, além de uma vontade de poder afirmativa, Lyotard aproxima, em suma, a ciência daquilo que, nas obras seguintes, *a ela mais se contraporá: a arte*. Como explicar essa torção teórica? *Veremos que é justamente do ponto de vista do valor pragmático da eficiência da "performatividade", do poder de transformação e manipulação da realidade, que se definirá essa oposição.*

Mas, sem acelerar demais a nossa pesquisa, formulemos uma questão preliminar. Essa torção interna à "reflexão científica" de Lyotard seria um sinal de que não é tão simples, como o sofista queria, dar voz ao acontecimento, seja ele científico ou artístico, valendo-se de um discurso puramente "não filosófico"? Teremos diversas oportunidades de aprofundar essa questão. Por ora, é o campo político que parece nos dar mais um sinal de sua pertinência.

Da opinião à idéia

"É um sofista", afirma Teeteto, e o silêncio que suspende o diálogo confere a esse juízo um valor absoluto que situa sua verdade fora do discurso, fora de questão. Foi a arte dialética do discurso que levou o discípulo para a convicção, mas é no silêncio que a verdade apõe sua chancela sobre o juízo do filósofo. Se o discurso do sofista é interminável, o discurso do filósofo tem uma *finalidade* bem clara: pôr *fim* ao discurso do sofista, denunciar essa falsidade e esse não-ser que se engendram por meio de suas palavras, pôr um fim à logorréia paradoxal que arrebata suas frases, *fazê-lo calar-se...* para sempre.

As verdades do filósofo, diz-nos Lyotard, são inseparáveis desse *silêncio* que, no decurso da história da cultura ocidental, o discurso teórico impõe a seu adversário, a seu destinatário, a seu referente. O destinatário desse discurso só está autorizado a intervir no diálogo "para verificar que ele repete corretamente a lição" e satisfazer assim o narcisismo pedagógico de seu mestre. Esse silêncio, como vimos, cerca também o referente do discurso teórico, que será tanto transcendente como mudo, pois apenas a autoridade "destinadora" tem o direito de interrogá-lo (IP, 41).

Contra esse silêncio se insurge Lyotard, tomando a defesa das vítimas desse silêncio totalitário e terrorista. A fim de evitar o terror que acompanha necessariamente esse tipo de pragmática discursiva, Lyotard contrapõe ao silêncio do filósofo o rumor de mil narrações e de mil jogos de linguagem diferentes, o *ruído da opinião*. É efetivamente recorrendo a uma *política de opinião* inspirada nos sofistas que Lyotard julga encontrar uma solução para os impasses políticos de nosso século, e "em especial [para] a ruína do relato marxista, mas também do relato liberal" (AJ, 141-42).

Contudo, nessa fase do período pagão de Lyotard, fase conclusiva que foi inaugurada com *Au juste* (1979), o pluralismo sofístico, é espantoso observar, não parece mais bastar a si próprio: necessita de um corretivo. Esse corretivo só pode, aliás, lhe ser oferecido por uma "política filosófica", pela política kantiana da Idéia, por essa doutrina da Idéia reguladora "que, se não permite decidir em cada caso preciso, permite quando nada em todos os casos (e independentemente da convenção do direito positivo) eliminar decisões, máximas de vontade [...] que não podem ser morais".[11] No entanto, tão logo o corretivo for identificado, Lyotard se acha diante de um outro problema temível: como foi possível conciliar a política sofística da livre opinião, do consenso e da convenção com a moral kantiana da Idéia? Como é possível conciliar uma política que julga que "é justo se foi convencionado que é justo", com uma política regulada pela "Idéia de uma natureza supra-sensível, isto é, pela Idéia de um conjunto dos seres dotados de razões práticas" (AJ, 141)?

A política dos sofistas, argumenta Lyotard, é uma política da diferença, uma ética da vigilância da pluralidade das opiniões e da multiplicidade dos jogos de linguagem. Para Kant, em contrapartida, "a Idéia não é uma opinião. A Idéia é um uso quase ilimitado do conceito: temos

---

11. Em Kant, as Idéias "supra-sensíveis" da razão – Idéia de alma, de mundo, de Deus, de liberdade, de constituição civil perfeita ("cosmopolítica") – têm um sentido e um papel complexos, definidos em função do domínio racional: teórico, prático, estético, histórico-político em que intervêm. No contexto político de *Au juste*, Lyotard parece não atribuir ainda a essas diferenças a importância que lhes atribuirá em seguida, e ele define a Idéia por dois caracteres gerais, necessários, a fim de distingui-la dos conceitos do entendimento, mas que, como o mostrará em *L'enthousiasme*, não bastam para caracterizar de modo preciso suas funções específicas, por exemplo seu sentido político. Esses dois aspectos da Idéia são: *a ausência de um referente* externo ao discurso, até mesmo a ausência de uma intuição sensível assinalando um conteúdo objetivo e determinado à Idéia; a *presença de um sentido interno* ao discurso, até mesmo a presença de uma *função reguladora "subjetiva"* que, no domínio teórico, por exemplo, ao mesmo tempo que permanece subordinada à função legisladora e constitutiva do entendimento, funciona como *um núcleo ideal orientando* a atividade do conhecimento no sentido de uma maior sistematicidade, no sentido de uma *totalização por vir* das sínteses cognitivas (cf. Kant, *Crítica da razão pura*. Apêndice à Dialética transcendental, "Do uso regulador das idéias da razão pura"). Essa função subjetiva e reguladora só pode ser compreendida em toda sua profundidade com relação a uma outra importante distinção kantiana, a distinção entre juízo *determinante* e juízo *reflexionante*: no capítulo 4 veremos que de fato são essas *analogias* estabelecidas pelo juízo reflexionante que definem o modo como as Idéias da razão são chamadas a intervir efetivamente nos diferentes domínios do pensamento.

conceitos e depois os maximizamos. É uma noção que só existe na Grécia antiga. Ela supõe uma espécie, diria, de tempo da pesquisa" (AJ, 145). A Idéia, reconhece com razão Lyotard, é o que abre o pensamento ao futuro. A opinião é, ao contrário, o que se atém ao verossímil, à tradição, aos costumes, a um consenso consolidado, a uma "rede de nomes" reconhecidos como "os nomes dos sábios". O perigo da política de opinião, como examinaremos melhor em seguida, é hipostasiar a convenção, sacralizar o consenso, não tendo então nada a objetar à "razão do mais forte", contanto que essa razão seja aceita pela maioria. O perigo da política da Idéia é, em contrapartida, sacrificar a pluralidade e a singularidade que o presente "ininterrupto" nos revela a favor de um tempo por vir, a favor de um ideal universal. Como é então possível conciliar a singularidade da opinião e a universalidade da Idéia?

> Hesito, para simplificar, entre duas posições, esperando, além do mais, que minha hesitação seja inútil e que não se trate de duas posições. Entre uma posição, para dizer sem rodeios, pagã, no sentido da sofística, e uma posição, digamos, kantiana. Vejo muito bem o que as aproxima: é que não há razão da história. Quero dizer que ninguém pode se colocar em posição de enunciador sobre o curso dos acontecimentos. Por conseguinte, não existe tribunal em que se possa julgar qual é a razão da história. (AJ, 141).

Essa dificuldade sobre a qual Lyotard não pára de insistir está no âmago de *Au juste*, e ela é quem faz desse texto uma obra-chave, um atalho importante na produção de Lyotard. Seu interesse advém de a oposição entre o sofista e o filósofo ser encenada ali sem que transpareça uma decisão fácil em favor de uma parte ou de outra. Com clarividência e sinceridade, Lyotard se declara indeciso, hesitante (AJ, 141, 145), *como se o filósofo e o sofista se estreitassem ali num corpo a corpo que torna essas duas figuras quase indiscerníveis.*

À luz dessa incerteza, essa hesitação, parece-nos necessário prosseguir nossa pesquisa colocando entre parênteses o juízo bastante sumário do qual partimos. Ao processo ainda cabe recurso e temos de nos perguntar outra vez: Lyotard é de fato um sofista? E se ele não pode ser simplesmente chamado de "sofista", como julgar essa figura estranha, híbrida e singular, metade filósofo, metade sofista? E esse problema da relação entre uma sofística da opinião e uma filosofia da Idéia encontrará uma solução em Lyotard? Se a resposta for sim, ela nos fornecerá alguns índices úteis ao "bom êxito" de nossa pesquisa?

Antes de analisar essa solução que nos levará ao que consideramos o cerne do pensamento de Lyotard – o problema do juízo –, tentemos avaliar a medida exata das torções que animam o pensamento de nosso "pseudo-sofista". A bem dizer, uma dessas torções já se deu bem antes do período "pagão" de Lyotard, relacionado a esse acontecimento que, sem estar submetido às convenções da linguagem, parece não poder ser caracterizado por outro nome a não ser o de *verdade*. Esta verdade é a verdade da arte.

2
O fora da linguagem

> Contra Wittgenstein, dizer o que não se pode dizer.
> Theodor W. Adorno, *Dialética negativa*

Além do sentido e da referência

Desde as primeiras páginas de sua tese de doutorado, sua primeira obra de grande porte, *Discours, figure* (1971), Lyotard parece indicar um novo objetivo à sua reflexão, difícil e arriscado, que consiste em empregar os conceitos e a linguagem do discurso teórico – das ciências humanas e da filosofia – a fim de mostrar o que torna a *verdade da arte* irredutível a toda teoria, a fim de *dizer* o que para todo discurso teórico parece impossível dizer, e que ele chama aqui de *figura*.

Dois obstáculos temíveis parecem contrapor-se à realização dessa proposta. O primeiro deles está representado pelo *desejo totalitário*, intrínseco a todo discurso teórico, desejo de que a filosofia de Hegel oferece o exemplo mais significativo. Nesse gênero de discurso, a verdade da arte se acha reduzida a uma expressão "sensível" da Idéia, a um estado inferior da vida do espírito e da Verdade, do qual o discurso especulativo hegeliano é a expressão última. Embora a filosofia idealista tenha perdido hoje muito de seu peso, o discurso teórico, argumenta Lyotard, tem poucas possibilidades de se ver libertado desse desejo totalitário que habita muitos discursos com pretensão de tomar o lugar antes ocupado pelo discurso especulativo, e que é preciso portanto desmascarar.[1]

Apesar de ser de natureza oposta, o segundo obstáculo não deixa de ter relação com o primeiro, do qual ele é quase a imagem "em negativo". O perigo, aqui, está representado por todos aqueles discursos que situam a verdade da arte no campo do inexprimível, do inefável, disto que *não se pode dizer e que é preciso portanto calar*. O *Tractatus* é, no caso, emblemático desse perigo "místico", pois é a partir da lógica "ideal" da linguagem científica que Wittgenstein julga poder mostrar o "*non-sens*" de todo discurso estético, e por conseguinte o caráter inefável da experiência artística.[2]

Para devolver à linguagem a capacidade de dizer o que só pode ser misteriosamente "indicado", para devolver ao discurso a capacidade de nomear "seu branco, seu rumor, seu silêncio constitutivo", sem no entanto reduzi-lo a uma "introdução" ao místico, é preciso então se libertar da lógica especulativa hegeliana identificando, ao mesmo tempo, o ponto em que suas transformações contemporâneas irão se enxertar. Mais ainda do que no

---

1. Para uma caracterização mais precisa do que Lyotard considera como a essência do discurso especulativo hegeliano, ver mais adiante.
2. O *Tractatus logico-philosophicus* é a única obra que Ludwig Wittgenstein (Viena, 1889-Cambridge, 1951) publicou em vida. O livro termina com a famosa proposição 7 – "O que *não se pode dizer, é preciso calar*" –, a qual, segundo seu autor, resume todo o sentido de seu empreendimento "hipercrítico", visando a estabelecer um limite para a linguagem e, por conseguinte, para o pensamento. Cf. F. Schmitz, *Wittgenstein*, São Paulo, Estação Liberdade, 2004.

Tractatus, é no precursor mais direto de Wittgenstein, Frege, que Lyotard julga identificar esse ponto de junção. É efetivamente na distinção fregeana entre *Sinn* ("sentido") e *Bedeutung* ("referência") que começa a pesquisa conduzida por *Discours, figure*, pesquisa de que tentamos aqui retraçar as linhas fundamentais.[3]

O objetivo último da filosofia hegeliana, segundo Lyotard, é resolver a *exterioridade* na *interioridade* do discurso e do conceito, dissolver a *Bedeutung* em *Sinn*, isto é, transformar o que é exterior à linguagem, e que constitui sua *referência*, em um sentido totalmente interior ao sistema do discurso. Impondo à linguagem esse tipo de dinâmica totalitária, pôde-se nesse momento

---

3. "Über Sinn und Bedeutung" (1892) é o título de um importante ensaio do matemático e filósofo alemão Gottlob Frege (1848-1925), fundador da lógica matemática e da filosofia "analítica" contemporânea. Nesse ensaio, Frege se propõe a analisar a estrutura e o funcionamento lógico da linguagem, a partir das categorias de *Bedeutung*, a significação ou referência, e de *Sinn*, o sentido. A idéia de Frege é que toda parte fundamental da linguagem, toda parte e qualquer proposição, tem um valor lógico determinado se e somente se ela satisfizer duas funções lingüísticas essenciais, a da *Bedeutung*, que pretende que toda expressão da linguagem se refere a um objeto determinado, e a do *Sinn*, que permite definir o modo como esse objeto está determinado, a *perspectiva* por cujo intermédio nós o visualizamos. No exemplo famoso dado por Frege, a Estrela da Noite e a Estrela da Manhã são duas expressões que têm a mesma referência, isto é, o planeta Vênus, mas que determinam essa referência a partir de dois "sentidos-perspectivas" opostos (prova disso é que, antes da descoberta de Vênus, essas duas expressões denotavam dois corpos celestes "diferentes"). Para Frege, a instância do sentido não é portanto menos objetiva, e intersubjetivamente compartilhável, do que a da referência. Ela deve ser radicalmente distinta de seu "resíduo subjetivo", das conotações mnemônicas e das idiossincrasias da *imagem* fisiopsicológica que a acompanham. Como veremos mais adiante, é contra essa separação entre uma objetividade compartilhável de modo intersubjetivo e uma subjetividade reduzida a uma "imagem retiniana" invertida e deformada do real que Lyotard se insurge. A tese de *Discours, figure* é de fato que o sistema da língua, que parece concluir e fechar a ordem da realidade, se encontra atravessado e fendido de ponta a ponta pela instância "subjetiva" do desejo. São essas fendas que permitem ao desejo de arte e ao figural se reintroduzirem na "realidade".

confinar a arte – o discurso que por princípio se recusa a realizar a integração da exterioridade sensível à interioridade conceitual – a um estado inferior da vida do espírito. Sob esse ponto de vista, a teoria da linguagem de Frege, com sua distinção entre sentido e referência, pareceria oferecer um antídoto eficaz à lógica especulativa. Mas, segundo Lyotard, isso só é verdade desde que se esqueçam duas variáveis lógicas fundamentais, a negação e o tempo. E é de fato na qualidade de lógicas da negação e do tempo que os dois discursos teóricos que deram a largada, respectivamente, na categoria do sentido e na da referência, correm o risco, hoje, de se cruzarem produzindo a ilusão de uma nova lógica especulativa.

No intuito de reconstruir a gênese dessa ilusão, Lyotard estabeleceu um paralelo entre a distinção feita por Frege entre *Sinn* e *Bedeutung* e aquela feita por Saussure entre língua [*langue*] e fala [*parole*]. Se o sentido se define em Saussure em função do *sistema da língua* – sistema de relações de interdependência entre elementos fonéticos, sintáticos e semânticos que regulam o que se produz "atualmente", frase após frase, em uma língua –, a *referência* ao objeto só pode realizar-se efetivamente em relação a um *ato de fala* concreto que atualiza *a posteriori* os sentidos virtuais veiculados *a priori* por uma língua. Nessas duas dimensões distintas da linguagem (*sentido/língua, referência/fala*), se enraízam duas correntes de pensamento que marcaram profundamente as tradições francesa e alemã, e que, mesmo estando opostas em sua história e em seu jargão, nem por isso deixam de ser paralelas e complementares: o estruturalismo e a fenomenologia. É, portanto, na conjunção dessas duas correntes de pensamento aparentemente opostas que Lyotard vê ressurgir o perigo da síntese especulativa hegeliana.

Para Lyotard, o estruturalismo compartilha com a lógica hegeliana a tendência a resolver toda exterioridade na interioridade de um sistema de relações, de uma rede de oposições, e apenas seu positivismo epistemológico o impede de se transformar em uma lógica especulativa totalitária. Sob esse aspecto, é preciso ressaltar que a fenomenologia soube destacar essa dimensão do discurso que é irredutível à interioridade do sistema, e que na linguagem se expressa através dos *dêiticos*.[4] As filosofias da intencionalidade, fenomenologia e hermenêutica, pareceriam, então, totalmente estranhas ao positivismo das filosofias da estrutura. Segundo Lyotard, no entanto, entre essas duas correntes existe um ponto teórico comum, que é também um ponto de passagem obrigatório para a reflexão: *a negação*.

O método fenomenológico expressa a negação pelo *distanciamento* necessário a todo *ato de nominação* e de *objetivação*, ao passo que o estruturalismo faz dela a condição da *oposição* diferenciando os elementos do sistema. Mas esses dois tipos de negação são apenas derivados de uma negação mais fundamental, uma *cisão originária* e *pré-lingüística* que Lyotard chama de *Entzweiung* ("separação"). Admitindo que a psicanálise é o único discurso teórico que soube explicar essa negação originária, é recorrendo a ela que Lyotard tenta superar o estruturalismo e a fenomenologia, cogitando atingir esse "para além do sentido e da referência", em que vontade de saber e desejo de verdade ainda não se separaram abstratamente, esse lugar *fora da linguagem* em que a *verdade da arte* irrompe no saber.

---

4. Os dêiticos são essas palavras "vazias de sentido" (*aqui, agora, isso, aquilo*, etc.) que fazem referência a um *hic et nunc*, a um aqui e agora fixado pelo corpo no seu horizonte espaciotemporal pré-significativo, horizonte que, segundo Lyotard, é o de um *Dasein* e não de um *Sinn* (DF, 39, 41). Esse problema será retomado com relação a Kant em LAS, 20-1, 54-5.

Verdade e saber

O *Entzweiung*, o desdobramento, é a cisão da unidade com a mãe, a "separação" originária a partir da qual toda linguagem se torna possível. É esta cisão pré-lingüística e *ontológica* que engendra os dois nãos da língua e do discurso, e o "não" sintático que os expressa na "superfície" gramatical.[5] Ao mesmo tempo que o sistema da *língua* se organiza em uma interioridade, "plana e incorpórea", de remissões simbólicas, os objetos "tomam corpo" nas circunvizinhanças da linguagem, adquirindo, devido à *fala* que ali se conforma, um *sentido* e uma "espessura". Mas, para além dessa dupla negação, no mais profundo da língua e do discurso, segundo Lyotard, é uma *figura* de verdade que se mostra e agita o *dizer*, revelando a relação original entre o saber e o desejo.

Se todo discurso é de *saber*, afirma Lyotard, a *verdade é o que faz acontecimento no discurso, afirmando-se sem ruptura com todo saber*.[6] Frege mostrou efetivamente que o discurso de conhecimento se organiza em torno das duas instâncias objetivas do sentido e da referência, só deixando para a subjetividade as ilusões e as idiossincrasias da "imagem retiniana". Mas essa polarização entre sujeito e objeto, real e imaginário, ciência e arte, é apenas derivada e secundária com relação à unidade mais originária em que saber e desejo, discurso e figura ainda não se acham separados. A separação é obra do *Entzweiung*, e através dela é que se dá a possibilidade do jogo do *dizer*

---

5. Com o termo "ontologia", Lyotard faz alusão aqui à doutrina da diferença ontológica, diferença entre o Ser e o ente, de Martin Heidegger – cf. *Heidegger*, J-M. Salankis, Paris, Les Belles Lettres, 1977, p. 55 seg. Lyotard tenta reinterpretar essa doutrina concedendo-lhe o valor de uma gênese psicolingüística do "sentido" e da "realidade". Essa referência a Heidegger torna-se-á mais explícita em *Le différend*. Cf. o capítulo 3.

6. "A verdade não se encontra na ordem do conhecimento, ela se encontra na sua desordem, como um acontecimento". (DF, 135)

e do *não dizer*. O *que não podemos dizer*, adianta Lyotard, *nós o somos, pois, para dizer alguma coisa, é preciso negá-la, colocando-a distante de nós mesmos como isso que é o Outro em nós* (DF, 109).

A ruptura da unidade original com a mãe é o que abre, pois, a possibilidade da intencionalidade linguageira, do ato de fala vindo objetivar a realidade. Graças a ela, a realidade se estrutura no pólo oposto da subjetividade. Mas se a objetividade é o que está em jogo no discurso que e torna "ciência", o que está em jogo numa filosofia que recusa toda totalização especulativa é mostrar que o *não-dizer se esconde no dizer*, e que na origem de todo processo de conhecimento há *desejo*. Segundo Lyotard, a arte é a verdade desse desejo.

Quando o não-dito se mostra no *discurso*, o que se produz é a figura, e ali onde a "verdade figural" aparece no discurso com a força de um acontecimento que o fratura, ali, argumenta Lyotard, *ali há arte*. A arte não é a expressão de uma verdade que espera a chancela de um discurso de saber para poder se dizer enquanto tal. Muito pelo contrário! A verdade da arte só se produz transgredindo as regras que ordenam o discurso em sistema e que definem com relação ao discurso um espaço de percepção em que toma corpo uma realidade estável. *A arte é produção*, afirma Lyotard, mas o trabalho que ela realiza se encontra mais próximo do trabalho do sonho do que de qualquer outra construção de um espaço perceptivo, material, simbólico e axiomático bem formado e coerente. A arte trabalha por deslocamento e condensação, por meio de uma desregulagem sistemática dos dois "eixos" linguageiros que organizam o discurso: a *arte produz*, mas por *metáforas e metonímias*.[7]

---

7. Aqui, Lyotard faz referência uma vez mais à distinção saussuriana entre língua [*langue*] e fala [*parole*], e aos dois princípios lingüísticos que

Como o sonho, a arte desestabiliza o código que organiza o sistema da língua e governa o ato de fala. De acordo com Lyotard, no entanto, o trabalho da arte também não é regido por uma Linguagem-Outro que, como em Lacan, regularia *a priori* os processos inconscientes. É somente por esse processo de "elaboração secundária", que leva ao recalque do desejo, que se passa da energética do trabalho onírico a um "texto cifrado" que torna (aparentemente) *legível* o que antes era somente *visível*: a *figura*, justamente. Mas, igualmente falsa, sustenta Lyotard, é a tese de Freud segundo a qual a mensagem do sonho seria inicialmente clara, e em seguida confundida pelo processo secundário da "censura". A bem dizer, sempre segundo Lyotard, o trabalho onírico segue uma dinâmica de um gênero diferente que é preciso explicar nos termos topológicos e energéticos de uma *figura-imagem*, de uma *figura-forma* e de uma *figura-matriz*. É por intermédio dessa *energética pré-discursiva* que é preciso, pois, compreender o trabalho da arte.

Imagem, forma, matriz

As análises anteriores nos mostraram em que sentido o espaço do desejo não deve ser confundido nem com o (estruturalista) da "realidade-sistema", nem com aquele outro (fenomenológico) da "realidade-referência", nem com o que é obtido pela superposição de ambos. Para Lyotard, o espaço do desejo é de preferência o que se

---

presidem a construção de uma frase bem formada, à seleção sincrônica e ao encadeamento diacrônico das palavras que a constituem. Metáforas e metonímias são, portanto, "artifícios" que se mostram nesses princípios e os desregulam, assim como as condensações e os deslocamentos os transgridem no sonho e no sintoma. Aliás, é interessante observar que, em *Le différend*, essa interpretação freudo-saussuriana da metáfora ensejará a aristotélico-kantiana, de *analogia* e de *passagem*.

abre para além da distância que separa o objeto do *corpo* que percebe, o que desestrutura o espaço do *sistema* pelas condensações e pelos deslocamentos que fazem explodir a rede das "oposições pertinentes". É, portanto, a partir dessas deformações que o trabalho onírico se revela para Lyotard como *figura-imagem* que *confunde* os contornos bem delimitados que definem os elementos discursivos e perceptivos do real. Os quadros de Picasso em que uma silhueta de mulher se compõe de diversos perfis e posturas diferentes oferecem, segundo Lyotard, um bom exemplo do que é uma figura-imagem.

O que caracteriza então a *figura-forma* é uma espécie de "trabalho do sonho" agindo ainda mais a fundo, para além de toda obrigação imposta pelo sistema do discurso, em um plano de pura imanência atravessado por "processos desejantes primários", por "linhas de força" intensivas que não admitem nenhuma referência à unidade de um objeto. A pura circulação energética das linhas e das cores de um quadro de Pollock é, segundo Lyotard, uma revelação pictural exemplar dessa *figura-forma* que anima profundamente o visível comum sem poder, no entanto, ser jamais vista ali.

Em seus escritos sobre a arte, Freud mostrou que a realidade é um objeto "não totalizável", pois ela se encontra sempre fendida por uma falta em que o desejo e a necessidade de arte se reintroduzem. Para Lyotard, no entanto, a separação freudiana entre *princípio de prazer e princípio de realidade*, entre real e possível, realidade e imaginário, entre discurso científico e arte ainda é muito simples e superficial: há uma camada mais profunda, um princípio em relação ao qual essas distinções são secundárias e derivadas, princípio genético que Lyotard chama de "matriz fantasmática" ou "figura-matriz" (DMF, 56-9).

De acordo com Lyotard, a *figura-matriz* é o que não pode nem ser lido, nem visto, pertencendo ao domínio de uma topologia fantasmática que atravessa todos os espaços: discursivos, perceptivos, oníricos, figurais, sem nunca neles se mostrar. Ela é a diferença originária misturando as oposições que estruturam qualquer outro espaço, a figura topológica que agita o desejo, a disposição energética que preside a qualquer trabalho de produção. Segundo Lyotard, foi no segundo período de seu pensamento que Freud se aproximou mais dessa tópica matricial descobrindo o princípio profundo da vida inconsciente que chamou de *pulsão de morte* (DF, 279).[8]

Relativamente a esse princípio superior, princípio da figuralidade, o *real* – sustenta Lyotard, polemizando com a concepção freudiana da arte – não pode mais ser comparado a uma "ilha racional cercada pelo mar do imaginário", mas antes a um objeto atual mergulhado em um espaço virtual em que "os incompossíveis espaciais e temporais tornam-se compossíveis". É a "lei kantiana das grandezas extensivas" – grandezas em que o todo espaciotemporal é composto pela simples adição das partes que o compõem – que se acha então excluída por esse espaço de desejo que o inconsciente é, mas sua compossibilidade virtual não deve também ser confudida com a "compossibilidade inteligível" da estrutura. A estrutura, afirma Lyotard, é obra do *princípio de prazer*, dessa instância que preside à ligação das energias,

---

8. Em *Além do princípio do prazer* (1920), a "pulsão de morte" é invocada por Freud para explicar os fenômenos de autodestruição e agressividade que as pulsões de vida – representadas pelo princípio de prazer (Eros), princípio que expressa a tendência à conservação e à reprodução da "unidade do vivente" – são incapazes de explicar. Para Freud, a pulsão de morte fica particularmente evidente nesses fenômenos patológicos em que sobrevém o silêncio das pulsões de vida, por exemplo na *melancolia*. Em contrapartida, Lyotard atribui à pulsão de morte uma função libertadora, e à afetividade que ela libera uma significação "revolucionária". No capítulo 4 veremos, no entanto, a *melancolia* obter nova importância na filosofia do "último Lyotard".

enquanto a matriz figural é isto que por desligação, repetição e disfarce, desloca o fantasma e liberta as diferenças.⁹ A pulsão de morte é a instância que preside a toda obra de transformação, disfarce, desligação (DP, 298). A pulsão de morte é a instância "descerrante e diferenciadora", e, devido a ela, a arte é *verdade*:

> A força de uma expressão literária ou pictural não consiste em sua harmonia [...] ela é o que sustenta e mantém "aberto", livre, o campo das palavras, das linhas, das cores, dos valores, para que a verdade ali "figure". (DMF, 60)

A obra, o sonho e o sintoma

Esses três níveis de profundidade da *figura* constituem as três dimensões do que Lyotard chama o *figural*. Mas se o figural é "o espaço intensivo do desejo" que atravessa todo espaço, perceptivo, onírico, discursivo, é apenas na arte que ele expressa sua função de verdade. A arte nos coloca de fato diante do desejo sem, contudo, ceder a ele, sem satisfazê-lo como o sonho o faz, mas fazendo-o aflorar em uma "superfície transparente" na qual ele se representa e se reflete. Por um lado, essa "transparência" é o que dá à arte seu caráter de inutilidade

---

9. Embora essas questões relativas à tópica freudiana – princípio de prazer/pulsão de morte – e às modalidades real/possível/virtual, que a ela estão ligadas não deixem de ter o seu peso no desenvolvimento do pensamento de Lyotard (cf. por exemplo o papel que a frase fantasmática "*Ein Kind wird geschlagen*" [Bate-se numa criança] desempenha em *Discours, figure* (DF, 343-54) e em *Le différend*), o leitor pouco familiarizado com elas e com a discussão filosófica que gira em torno delas no final dos anos 1960 (cf. por exemplo Gilles Deleuze, *Diferença e repetição*, Rio de Janeiro, Graal, 1988) pode, contudo, prosseguir sua leitura e só registrar a indicação geral.

com relação ao mundo da realidade, da ação e da linguagem; por outro lado, ela é o que dá à *forma* sua visibilidade:

> As expressões plásticas, literárias, coreográficas, remetem certamente a movimentos de identificação do amador com o conteúdo exibido por meio das formas; mas essas formas proíbem que o desejo se realize, que ele se alucine e se descarregue no engano da efetuação dos conteúdos, simplesmente porque essas formas não se deixam ignorar [...]. (DF, 356)

Se o tema ou o *conteúdo* da obra nos atrai como o desejo é atraído pelas imagens onde se realiza sua satisfação alucinatória, sua *forma*, assegura-nos Lyotard, nunca é devida à ação do princípio de prazer e de seu finalismo intrínseco, mas à pulsão de morte. No sonho, o fantasma leva o desejo a se realizar de modo ilusório na "cena imaginária", mas, ao contrário, na arte se produz uma separação e uma *reinversão* dos princípios que regem a vida inconsciente. No sintoma, o princípio de prazer e princípio de realidade colaboram desde o início para imobilizar o jogo livre das diferenças em um sistema que garante a sobrevivência do organismo, mas na obra de arte essa disposição se inverte, a ponto de serem as *diferenças transgressivas* que vêm substituir as *oposições identificantes* de Eros e de Logos. Em resumo, enquanto, no sonho e no fantasma sintomal, as condensações e os deslocamentos se acham ainda submetidos ao princípio de prazer (com o fim de proteger o sujeito da angústia provocada pela subtração do objeto de identificação), no trabalho da arte são esses "operadores de transgressão", regidos pela pulsão de morte, que se revezam permitindo à forma artística emergir e à verdade figural produzir-se.

A fim de evitar toda identificação perigosa da verdade da arte com a da psicanálise, Lyotard tenta distinguir a obra de arte do sintoma e o trabalho de reminiscência do analisando do trabalho produtivo do artista. A função da arte, afirma Lyotard, não é a terapia. Arte e psicanálise visam, ambas, libertar o desejo e sua configuração figural da elaboração secundária, das racionalizações discursivas e de sua censura. Mas, ao passo que na psicanálise os processos (primários) do inconsciente são alvo de um discurso teórico, na obra de arte a inversão que faz transparecer a matriz fantasmática impede toda axiomática teórica dos sintomas, dos dinamismos e das ilusões do desejo. A *produção* da obra, diz-nos Lyotard, comporta uma *regressão* análoga àquela que o analista impõe ao analisando, assentando a organização (secundária) de seu discurso sobre a superfície primária fantasmática. Mas, na arte, essa regressão não se transforma em um trabalho terapêutico, em um *retorno* à realidade e à normalidade. O artista, nos diz Lyotard, desce às profundezas do inconsciente não para dali trazer Eurídice, mas para inverter as instâncias que presidem à organização do desejo, para libertar as diferenças de toda ligação identitária e para mostrar o trabalho da morte para além das organizações da vida:

> [...] O artista não desceu na noite visando habilitar-se a produzir um canto harmonioso, a produzir a reconciliação da noite e do dia [...]. Ele foi procurar a instância figural, o outro de sua obra, ver o invisível, ver a morte. (DMF, 60)

Nessa capacidade de reintroduzir a morte na vida é que a arte revela sua força de irrupção utópica e selvagem, mas também sua carga de verdade, sua capacidade de nos confrontar com a realidade do desejo, com os princípios inconscientes que precedem toda formação discursiva, com essa *fenda* entre a morte e a vida a partir da qual se engendra nossa experiência lingüística e perceptiva:

> Essas operações são, pois, isoladas de sua finalidade libidinal; deixam-se ver em si mesmas; não levam apenas à realização alucinatória do desejo por meio do qual Eros persegue seus fins até nas horas de aflição; aparecem como vestígios da pura diferença, como zona da aflição; a pulsão de morte, o movimento da diferença e para a diferença vem declarar-se ali envolvendo as formações do prazer, da realidade e do discurso. (DF, 384)

A "dupla" verdade do desejo

Neste ponto de nossa reconstrução da estética "figural" de Lyotard, devemos fazer-nos algumas indagações. O objetivo da reflexão estética de Lyotard era devolver à arte um espaço de verdade irredutível a toda teoria e a todo saber. Com a intenção de alcançar esse objetivo, era preciso, pois, ultrapassar o "espaço" da percepção-referência, e o "espaço" do sentido-estrutura, para se instalar nessa fenda ontológica a partir da qual "discurso" e "percepção" (estruturalismo e fenomenologia) se engendram. Mas será preciso então se perguntar: até que ponto esse lugar de pensamento *fora da linguagem* em que a reflexão lyotardiana acredita poder instalar-se é tributário do discurso da metapsicologia freudiana? E seria psicanalítica essa inversão de funções entre princípio de prazer e pulsão de morte que Lyotard nos diz ser de fato suficiente para evitar o esmagamento da verdade da arte sobre todo saber?

O analista, diz-nos Lyotard, retorna das profundezas inconscientes para cuidar, pela sua prática, da doença.

O artista, ao contrário, tem a coragem de permanecer nesse espaço de desapreensão para produzir ali, como uma segunda "natureza naturante" (Lyotard refere-se a esse frase de Klee), a obra. Mas se o objetivo e o resultado do trabalho mudam, a "verdade" a que o artista e o analista têm acesso em sua "estação no inferno" é verdadeiramente "outra"? Em todo caso, defende Lyotard, as estratégias de Édipo e Hamlet são para o pensamento de Freud bem mais do que um simples "sintoma exemplar". Antes de fornecer exemplos úteis ao trabalho analítico, elas *deixam transparecer* as figuras profundas do desejo na esfera do inconsciente coletivo em que se enraíza o trabalho analítico. Muito antes de Freud, elas criam, em suma, "um espaço cultural flutuante", uma cena de desapreensão em que as operações do inconsciente se traem. É esta cena a que Freud assiste, como Hamlet em seu castelo assiste à representação teatral do assassinato de Príamo, que lança o pai da psicanálise nos vestígios da verdade do desejo:

> Temos uma inversão primária que propicia a condensação sintomal "mobleed queen"; uma segunda inversão por meio da qual Hamlet surpreende e por assim dizer propaga a primeira: o momento da obra shakespeariana; e uma terceira inversão, em que Freud aprende o lapso da cena de Gonzaga como vestígio no discurso de um sentido vindo de alhures, e isso devido à repercussão que lhe deu a questão de Hamlet na tragédia de Shakespeare. Bastará Freud dar as costas à cena para que a atitude analítica se instaure: atenção flutuante, mas substituição do olho pelo ouvido, único órgão que prepara o entendimento e o discurso teórico. É desse modo que o se voltar analítico terá sido introduzido pela dupla inversão "poética". (DF, 387)

Observe-se que essa "dupla inversão" de finalidade prática, a substituição do olho artístico pelo ouvido analítico, traça apenas uma linha muito tênue entre o discurso teórico e a verdade artística, tão frágil que se poderia mesmo afirmar que o lugar reservado por Lyotard à arte com referência à psicanálise quase não se distingue do lugar que Hegel lhe conferia em sua estética. A verdade da arte não é aqui, na realidade, uma espécie de signo sensível da verdade que seria em seguida sistematizada e utilizada com um objetivo prático pelo saber analítico? E a força de irrupção, a carga de acontecimento inscrita em qualquer nova obra de arte, não se encontra *a priori* integrada a um discurso teórico – o da metapsicologia freudiana –, cuja verdade pareceria valer para sempre? Para evitar esse novo "hegelianismo psicanalítico", Lyotard deveria afirmar que a verdade da arte é mais profunda e transgressiva do que todo o discurso psicanalítico. Mas é justamente isso que, chegando a esse ponto, ele não é mais *capaz de dizer, e que é, portanto, obrigado a calar.*

Em suma, com Discours, figure, *Lyotard parece só atingir o objetivo difícil e arriscado que ele havia reivindicado para sua obra – dizer a verdade da arte por meio da linguagem e os conceitos do discurso teórico evitando toda redução do artístico ao teórico – confirmando a previsão de fracasso que havia profetizado desde as primeiras páginas de seu livro*:

> Este livro não é esse bom livro, ele se mantém ainda na significação, não é livro de artista [...]. Ainda é um livro de filosofia [...] não se deixa a figura chegar nas palavras de acordo com seu jogo, mas quer-se que as palavras digam a preeminência da figura, quer-se significar o outro da significação. (DF, 18)

O acting out *libidinal*

Com seu segundo livro de destaque, *Economie libidinale* (1974), Lyotard parece querer tomar distância do "masoquismo teórico" que animava *Discours, figure*, ao mesmo tempo que radicaliza a atitude crítica. Nesse texto, o problema de Lyotard não é mais definir os limites do discurso teórico, mas superá-lo em um outro gênero de discurso. Com *Economie libidinale*, a arte não se contrapõe mais ao pensamento como o para além deste, pois é a própria escrita filosófica que, tendo se despedido definitivamente do gênero teórico, tornou-se *seu fora*, ou mesmo discurso artístico, transcrição direta da emoção, encenação do desejo. A arte não é mais significada como o *outro* do discurso teórico, pois o pensamento filosófico foi levado ainda mais longe que a psicanálise, descobrindo que o desejo, como o querer de Schopenhauer, é a substância última de todo discurso e de toda coisa, psicanálise inclusive. Toda distinção entre os diferentes gêneros de discursos será portanto apagada, em proveito de um pensamento que denuncia toda representação teórica, toda falsa forma de "distanciamento teatral" do desejo, a fim de tornar-se expressão em ato do sentimento, inscrição "na carne das palavras" da emoção, *acting out* estilístico das intensidades que atravessam, excitam ou "catatonizam" o grande filme efêmero do Ser (EL, 12; PE, 33).

Na realidade, o resultado que provém dessas palavras vibrantes não é nem mesmo aquele fracasso cheio de dignidade que *Discours, figure* anunciava desde suas primeiras páginas, e de que gozava no fim como a prova cabal de sua radicalidade crítica (de modo análogo ao *Tractatus*), mas um naufrágio do pensamento, uma deriva teórica, desolada e às vezes "escandalosa", que mais tarde Lyotard nunca deixou de expiar:

Podemos estribar-nos na *Economie libidinale* que é apesar de tudo – não se deve esconder isso, sobretudo aqui – o livro de um grande pecador. Faço questão de mantê-lo como tal, como testemunho do pecado maior, que é o desespero.[10]

Sem contar algumas passagens teóricas – dentre as quais um capítulo em que Lyotard desenvolve uma crítica brilhante do "naturalismo roussauísta" de Marx (EL, 159-69) –, *Economie libidinale* parece hoje, a nossos olhos, como um livro "datado", e ao qual terá sempre faltado, segundo alguns, a agressividade hilária de seu irmão mais velho mais e famoso, *O anti-Édipo* de Deleuze e Guattari (1972). Filho da mesma conjuntura política e cultural, desse ambiente de esperança e decepção que se seguiu à primavera de 68, os dois livros parecem, portanto, compartir um grande número de teses e de posições. Para esses dois "clássicos" do "pensamento desejante", a necessidade de superar as posições ortodoxas do marxismo e do freudismo – e de suas transformações althusseriana e lacaniana, implicitamente responsáveis, segundo seus autores, de se ter traído o Acontecimento de maio – traduz-se na necessidade de conjugar crítica política da ideologia, crítica psicanalítica da consciência e doutrina da vontade de potência de Nietzsche. Reatualizada nos termos de uma economia política das produções de desejo, a ética nietzschiana das forças afirmativas (revolucionárias) e reativas (reacionárias), parece então oferecer a esses autores o remédio necessário para curar o Ocidente capitalista de sua doença mortal: o *niilismo*. À luz dessa ética afirmativa, o niilismo mostra de fato sua essência, que é de não ser nada mais senão um desejo de

---

10. Cf. "Débat" in Vários autores, *Témoigner du différen*d, Paris, Osiris, 1989, p. 89. Acerca de *Economie libidinale*, ver também PE, 33-5.

sujeição, o desejo de restabelecer uma autoridade ainda mais forte do que aquela de que havíamos tentado nos libertar pela revolução.

Não nos deteremos na análise e comparação desses dois livros, comparação que foi feita em outro lugar e à qual preferimos remeter o leitor.[11] O que é preciso, portanto, observar é que, mesmo se suas "soluções" – com seu projeto de curar a doença do século por uma espécie de "xamanismo homeopático", por um *tornar-se ativo* do niilismo, por um tornar-se *esquizofrênico* do capitalismo – nos parecem hoje pertencer ao museu das curiosidades intelectuais, certas análises que esses livros nos propõem não perderam nem um pouco de sua atualidade. A análise deleuziana desses processos de *de-* e *reterritorialização* em que o capital desenraíza qualquer indivíduo (e qualquer coisa) para introduzi-lo nesses fluxos planetários de mercadorias, informações e forças, e fazê-lo dobrar-se em seguida em identidades culturais fictícias, funcionais ao sistema. A análise lyotardiana das estratégias políticas e midiáticas de sedução que, indo além de toda fronteira entre o público e o privado, o exterior e o interior, atravessam a totalidade do corpo individual e social ("o grande filme efêmero") e capturam seus sentimentos e suas emoções, arrastando-os nos fluxos "eróticos", nas constelações de desejos concedidos pelos poderes e os

---

11. Uma confrontação crítica dessas duas obras e de seus contextos político e cultural foi proposta por Vincent Descombes em *Le Même et l'autre*, Paris, Minuit, 1979, p. 202. Lyotard mesmo analisou, aliás, o *Anti-Édipo* em um longo ensaio publicado primeiro em *Critique*, nº 306, e publicado em seguida na coletânea *Des dispositifs pulsionnels* (DP, 40). Nesse ensaio que antecipa as posições de *Economie libidinale*, o único verdadeiro desacordo com Deleuze-Guattari parece dizer respeito ao sentido e à função da psicanálise na sociedade capitalista. Lyotard tenta mostrar ali que a "pragmática" do discurso psicanalítico contrasta com a lei de trocas do capital, pois a lei que a regula é a da dívida impagável para com um locutor desconhecido, lei que define na tradição judaica a relação com Deus. A esse propósito, ver o capítulo 5.

mercados. Essas análises, ao que parece, não são apenas visões de esquerda expostas a sonhos de conspiração cósmica e de liberação absoluta. Desprendidas do que têm de datado e "compulsional", essas análises levam em conta – de modo talvez mais concreto do que certas análises da essência niilista da "época da técnica" – uma situação que é nossa ainda e da qual o pensamento não pode, simplesmente, virar a página pretextando que a moda mudou.[12] Como veremos mais adiante, um dos méritos de *A condição pós-moderna* foi ter traduzido essas análises numa linguagem que lhes proporcionou uma nova credibilidade.

Do Desejo à Lei

Considerada de um outro ângulo, que é também o da evolução do pensamento de Lyotard, aquilo que pode parecer a maior fraqueza teórica de *Economie libidinale* poderia também ser considerado seu ponto forte. Essa fraqueza, que decorre da vontade de marcar distância da filosofia deleuziana do desejo sem deixar de compartir com ela certos pressupostos teóricos, foi efetivamente o

---

12. Seria interessante confrontar o diagnóstico realizado por esses autores "de esquerda" com o que um autor de direita muito pouco conhecido na França, Arnold Gehlen (1904-1976), fez das sociedades capitalistas avançadas e as patologias epocais que as sacodem: racionalização e capitalização exasperada de todos os domínios da experiência, deslegitimação política, manipulação da opinião e do consenso, hipersexualização e primitivização do comportamento. Para esse filósofo alemão, como para nossos autores franceses, o niilismo e o ceticismo generalizado que a sociedade capitalista contemporânea espalha em todas as direções vem lado a lado com a revelação histórica de uma verdade antropológica fundamental: o caráter radicalmente "desterritorializado" da natureza humana.
Com seu conceito de *pós-história*, Gehlen foi, aliás, um dos primeiros a definir um conceito filosófico, político e estético dessa época que Lyotard chamou *pós-moderna*.

primeiro sinal de uma importante virada que levaria Lyotard a empreender um longo itinerário de pensamento em torno da "regra", do "juízo", da "Lei". De fato, como observou muito bem Vincent Descombes, por um lado *Economie libidinale* radicaliza o "diagnóstico epocal" do *Anti-Édipo*, por outro, o livro de Lyotard mergulha seu leitor em um desespero sem saída, pois, em última instância, parece recusar até mesmo a escapatória representada pela ética "afirmativa" do desejo.

> Portanto, nesse particular, o senhor recusa a ética espinosista nietzschiana, que separa os movimentos de mais-ser e de menos-ser, de ação e reação? – Sim, deve-se temer ver reaparecer em favor dessas dicotomias toda uma moral e toda uma política, seus pensadores, seus militantes, seus tribunais e suas prisões. [...] Não falamos como libertadores do desejo. (EL, 54-5)

Foi no momento da maior proximidade com Deleuze que ocorreu, portanto, a ruptura, e tudo aconteceu como se Lyotard começasse a ver na filosofia do desejo uma metafísica especulativa que perpetua o pecado original de Platão, esse "pecado" que consiste em derivar o Dever do Ser, o "normativo" do "descritivo", expondo inconscientemente o pensamento à tentação totalitária do terror. Foi assim que, quinze anos depois, Lyotard nos tornaria conscientes disso em *Peregrinações*:

> A verdadeira desgraça, para separar o joio do trigo, é não se poder confiar na intensidade dos afetos. Se o valor fosse proporcional ao teor de energia, então não haveria absolutamente lei, e o monge seria o diabo também. É uma lição que eu poderia ter tirado, vinte anos antes, da leitura de *Doutor Fausto*. Em busca de formas musicais inauditas, Leverkühn, o herói, é levado

aos confins do inferno. Os sons da natureza, as vozes da santidade calaram-se como se a receptividade típica do ouvido humano tivesse fenecido. Da mesma forma que a Alemanha, sua nação, submetida moral e politicamente à estética nazista, sucumbiria na decadência, ele acaba por se destruir.

O monge que eu tentava ser deveria ter se lembrado que o paganismo polimorfo, a investigação e a exploração de todas as formas possíveis de intensidade poderiam resvalar com facilidade numa permissividade sem lei, e suscitar violência e terror. (PE, 36)

Antes de abordar os temas da "regra", do "juízo" e da "Lei", tentemos analisar o ponto teórico em que essa virada vai ocorrer. Esse ponto teórico é representado pela questão da linguagem, pois é de fato relativamente a essa questão que se opera a tomada de distância de Lyotard para com uma certa tradição do pensamento francês, tradição que, a partir do positivismo e do espiritualismo do século passado, passando por Poincaré, Bergson, Brunschvicg e Bachelard, alcança seu mais importante herdeiro contemporâneo, justamente Deleuze.

Essa tradição se caracteriza de fato por uma atitude singular para com a "linguagem", atitude que tende a reduzir a linguagem a uma espécie de "epifenômeno" sociobiológico, a uma simples ferramenta de expressão, a uma convenção social, a um banal instrumento de sujeição, de apropriação, de poder, a um fenômeno "ôntico". Foi, portanto, ao se ligar com vigor ao que se chamou a *virada linguageira* da filosofia alemã e anglo-saxônica desse século, virada de que a filosofia francesa continuou por muito tempo excluída em razão também da influência dessa tradição, que Lyotard vai tentar superar suas posições precedentes – a estética figural, o paganismo libidinal – e os impasses que a elas estão ligados.

É, portanto, interessante avaliar a violenta torção intelectual a que Lyotard se obriga para operar tal virada, torção que o força a sair daquele lugar de pensamento *fora da linguagem* que seu pensamento julgou poder ocupar antes, para levá-lo a um lugar de pensamento em que *a linguagem não tem mais fora*.

3
A linguagem sem fora

> Fora, no ar, onde passeiam as frases que nos vêm à mente, e que nos oferecem alguma coisa a dizer.
>
> Gianni Celati, *Quatre nouvelles sur les apparences*

A teoria dos jogos de linguagem

Foi um pequeno livro, escrito para atender a encomenda do Conselho das Universidades do governo do Québec, que proporcionou a Lyotard um renome internacional. Desde a sua publicação em 1979, *A condição pós-moderna. Relatório sobre o saber* suscitou uma onda de discussões e de polêmicas que perduraram, ao mesmo tempo que, desse "escrito de circunstância", só se citava corretamente o título. Mas o sucesso de *A condição pós-moderna* não é somente um acaso feliz, fruto do achado da palavra "pós-moderno". Inúmeros temas e reflexões que Lyotard desenvolvera em seus trabalhos precedentes se condensavam em um estilo claro e brilhante que caracterizava nossa época de modo inédito. Esse estilo, que permitiu a Lyotard ultrapassar as fronteiras que muitas vezes haviam isolado a filosofia francesa, se associava também a uma hipótese de trabalho bem consolidada nas tradições de pensamento anglo-saxônico e alemão: a teoria dos jogos de linguagem, do "segundo" Wittgenstein.

Foi nas *Investigações filosóficas*, obra póstuma publicada em 1953, que Wittgenstein conferiu sua forma mais bem acabada à teoria da linguagem, elaborada durante dez anos, cujo objetivo era revisar profundamente a lógica da linguagem do *Tractatus*. As teses essenciais das *Investigações* podem ser resumidas em dois grupos principais: 1) teses *destruens*, a linguagem não possui uma essência unitária, uma estrutura lógica, sintática e semântica, determinando *a priori* todos os seus usos dotados de sentido; 2) teses *construens*, a linguagem deve ser concebida como uma multiplicidade dispersa de práticas – de jogos de linguagem –, cujas regras, o objetivo e o sentido são determinados por seu *uso* intersubjetivo, até pelas pragmáticas sociais, singulares, autônomas e, às vezes, incomensuráveis.

Dessas duas teses derivam duas conseqüências a respeito das quais já sabemos que inspiraram a pragmática crítica do "sofista". A primeira diz respeito ao que chamamos de *metalinguagem*, pois aí se afirma que todo discurso que pretende descrever a essência *a priori* da linguagem a fim de unificar a multiplicidade dispersa dos "jogos" que a compõem é paradoxal do ponto de vista teórico, e antidemocrático, até mesmo "totalitário", do ponto de vista da prática. A segunda conseqüência diz respeito ao nome "verdade". Se, como o afirma Wittgenstein, a significação de uma palavra é determinada pelo seu uso e não, como queria o *Tractatus*, pelo objeto que a palavra denota (a *referência*), a pragmática do uso tem, portanto, uma posição de preeminência com relação à semântica da verdade. Dessa conseqüência decorre outra: que a *verdade* não é uma função universal da linguagem, e que mesmo ali onde a verdade é o objetivo declarado de um jogo de linguagem – o discurso da ciência ou o da jurisprudência, por exemplo –, esse objetivo se acha submetido às regras de usos desse jogo de linguagem particular.

A perda da preeminência metafísica da *referência* em proveito do *uso* tem uma implicação que é importante destacar. O *Tractatus*, já o havíamos visto, nos prescrevia calar o que a lógica da linguagem não permitia dizer, mas conservava toda a realidade de um *fora da linguagem inexprimível e místico*. As *Investigações* nos mostram, em contrapartida, que essas experiências solitárias (estéticas e éticas) que pareciam nos aproximar desse *fora absoluto* não passam de ilusões produzidas por um mau uso da linguagem. Mesmo no que aparece como mais subjetivo e privado, a *realidade* se encontra sempre submetida a uma pluralidade de "rajadas de linguagem", cuja única regra comum é que não se pode recebê-las "em solidão total". Em outras palavras, *a linguagem não tem fora*.

Vamos, pois, ver Lyotard, por um lado, tentar aderir a essa posição "sofística" radical, segundo a qual o "sentido" da realidade está totalmente determinado por uma linguagem que não tem fora, e, por outro lado, não deixar, como filósofo, de acreditar que a tarefa do pensamento é dizer o que "não é possível dizer", dizer essas "verdades" que nenhum "gênero de discurso" institucionalizado pode frasear.

O *luto pós-moderno*

O que tem a ver a teoria dos jogos de linguagem com a tese central do livro de Lyotard, com a tese de um fim da modernidade e do começo do *pós-moderno*? A idéia que

Lyotard desenvolve em *A condição*, sistematizando o que já se preparava em *Rudiments* e *Instructions païenne*s, é na realidade mais simples. Se concordarmos em chamar de "modernidade" essa época em que o homem tomou o lugar que a Idade Média reservou a Deus, e em que os discursos de uma humanidade que se realiza na história por sua razão, seu saber e seu trabalho substituíram o relato escatológico religioso, então, defende Lyotard, pode-se afirmar que essa época está acabada. Por quê? Por que hoje esses discursos aparecem como "narrativas sem fundamento", como jogos de linguagem desprovidos da validade universal que pretendiam ter antes.

O pós-moderno é, portanto, essa época em que cada indivíduo se descobre viver e falar "sob o impacto" de uma multiplicidade dispersa de narrativas, e em que todo jogo de linguagem que pretenda totalizar os outros em um metadiscurso universal aparece como uma mentira paradoxal. Segundo Lyotard, dessa situação derivam duas conseqüências importantes, uma positiva e outra negativa. A conseqüência positiva é que a humanidade se viu forçada a aceitar o fim das "grandes narrativas", o final dos discursos de legitimação do conhecimento e da ação que levaram a impasses inaceitáveis, a desastres históricos, de que os campos de concentração e os *gulags* são as expressões mais extremas e mais funestas. A conseqüência negativa é que esse luto vem acompanhado de um ceticismo generalizado, de uma atomização do social, de uma pulverização de seu tecido, que ameaça toda aspiração de verdade e de justiça, aspirações que Lyotard, revendo profundamente o cinismo exasperado de *Economie libidinale* e o radicalismo sofisticado de *Rudiments*, considera agora incontornáveis. É a essa ameaça que *A condição* dá o nome de *deslegitimação*, pois são as "formas do estar junto", as instituições políticas e sociais, e as formas de transmissão e de elaboração do saber, os institutos de pesquisa e as universidades, que, perdendo sua legitimidade e seu sentido, pagam mais caro por essa deriva niilista (CP, 68). Que soluções se oferecem, então, a uma reflexão que deseja enfrentar os desafios apresentados por essa época ambígua que chamamos de "pós-moderna"?

Analisemos primeiro a conseqüência "positiva". As "grandes narrativas" de que a humanidade deve fazer seu luto são a narrativa prático-política nascida das *Luzes*, e a narrativa especulativa do *idealismo alemão*. A primeira narrativa era inspirada por um ideal de Justiça autorizando uma práxis política emancipatória; a segunda estava imantada por um ideal de fundação absoluta do saber, por um ideal de Verdade iluminando o destino da humanidade (CP, 54). Ora, a tese de Lyotard é que essas duas narrativas da modernidade – uma narrativa "prática", outra narrativa "teórica" – chegaram em nosso século a um único resultado trágico: o terror. De que modo Lyotard defendeu essa tese, que alguns julgaram escandalosa, de uma responsabilidade direta, de uma conivência de direito e não apenas de fato, do "pensamento moderno" com o terror?

A condição pós-moderna oferece para essa questão uma resposta que completa a dos livros precedentes. Ela consiste em dizer que quando, no século XX, os herdeiros do pensamento moderno puderam realizar o projeto de investir seu pensamento em uma função histórica concreta, influenciando diretamente os destinos de sua classe e de sua nação, o que daí decorreu foi um uso sistemático da violência do Estado. Uma vez o partido dos trabalhadores no poder, um dos últimos transformadores do pensamento da *práxis*, o stalinismo, legitimou o partido-Estado a exercer sua violência sobre todos e cada um, todo indivíduo sendo suspeito de ser um traidor em potencial da causa comum. Uma vez investido no cargo de reitor da Universidade de Friburgo, o último descendente da tradição idealista, Heidegger, convocou o povo alemão a cumprir seu "destino historial" e a identificar-se com aquele que soubesse fazer valer contra o mundo inteiro seu direito de "terra e de sangue", Hitler (CP, 62).

Para Lyotard, o que a história revela aqui de fundamental não pode ser compreendido por simples explicações *de fato*, apelando para um desejo desenfreado de poder em tempo de crise ou de fanatismo. O que há aqui de essencial para a reflexão é que o discurso filosófico da modernidade se acha assombrado de dentro pela nostalgia da unidade e da totalidade perdidas, pelo desejo de ver prevalecer *uma* narrativa – a da ação emancipatória em um caso, a da reflexão especulativa em outro – sobre todas as narrativas, sobre todos os jogos de linguagem que constituem o tecido complexo da realidade do século XX. No totalitarismo staliniano, o sentido e o objetivo da arte, da ciência e da moral são submetidos à narrativa "emancipadora" do proletariado, da humanidade trabalhadora, o único verdadeiro sujeito da história. No totalitarismo especulativo heideggeriano, todas as formas do saber e da ação, as faculdades universitárias e as instituições políticas recebem seu sentido de uma concepção unitária da existência humana, interpretada como subjetividade temporal e livre, como *Dasein* individual e coletivo se "projetando" de modo autônomo na consciência da sua morte e de sua finitude histórica.[1]

Segundo Lyotard, a única maneira de fazer definitivamente o luto dessas narrativas modernas é abandonar

---

1. Sobre a "conivência" entre modernidade filosófica e totalitarismo, cf. também: Philippe Lacoue-Labarthe, *La fiction du politique*, Paris, Bourgois, 1988; Philippe Lacoue-Labarthe e J.-L. Nancy, *Le mythe nazi*, L'Aube, 1991; e, sobretudo, Max Horkheimer e Theodor W. Adorno, *Dialética do esclarecimento*, Rio de Janeiro, Jorge Zahar, 1985.

toda idéia de unidade e totalidade, toda hipótese de *um* Sujeito da história e comprometer-se com a salvaguarda da pluralidade linguageira, com a vigilância das diferenças que separam o jogo de linguagem da verdade científica daquele da justiça; o discurso da literatura e da arte do discurso do direito, da moral e da política. No entanto, se o respeito das diferenças pragmáticas, das regras e dos objetivos que caracterizam cada tipo de jogo de linguagem é uma condição necessária do pensamento contemporâneo, ele não é uma condição suficiente. O luto das grandes narrativas vem acompanhado, *de fato,* de um profundo relativismo, do sentimento de que nada vale, ou que tem valor apenas o que consegue provar seu poder, sua eficiência, sua *performatividade.* Incapaz de elevar-se a uma condição de direito, a consciência da pluralidade dos jogos de linguagem degenera, então, em um relativismo irrefletido que favorece a afirmação de um jogo de linguagem sobre todos os outros, a supremacia do jogo de linguagem da "tecnociência".

A deslegitimação

Contrariamente ao que defenderam filósofos como Popper ou Rorty[2], que avaliaram com mais otimismo a época atual, para Lyotard as instituições democráticas contemporâneas não souberam oferecer verdadeiras alternativas para as formas de legitimação ultrapassadas com o final das grandes narrativas. Na vida política

---

2. Em *A sociedade aberta e seus inimigos,* Belo Horizonte/São Paulo, Itatiaia/Edusp, 1974, Karl Popper (1902-1994) opôs à dialética "totalitária" do historicismo hegeliano e marxista uma doutrina da sociedade inspirada pela metodologia pragmática – liberal, democrática e "falsificadora" (sempre suscetível de ser criticada e revista) – da ciência contemporânea. No que diz respeito ao filósofo americano Richard Rorty (nascido em Nova York, 1931), ver capítulo 1.

contemporânea, Lyotard identifica um vazio, um hiato teórico-prático comparável ao que se deu no interior das universidades e dos centros de pesquisa quando se tomou consciência dessa "crise dos fundamentos", que desde o começo do século XX sacudiu as disciplinas científicas principais: a matemática e a física (CP, 70). Na ausência de um ideal de verdade e de justiça que inspire o juízo e a ação, o "decisor" que deve justificar sua escolha diante da opinião pública se acha na mesma situação do pensador diante da multiplicidade de teorias contrastantes: o único critério de escolha que se revela viável é o da performatividade e da eficiência. Mas, segundo Lyotard, essa solução, que se poderia chamar de "pragmática", expõe a época contemporânea a um grande perigo: o de um novo totalitarismo, fruto da aliança entre as configurações atuais do poder e as formas contemporâneas da tecnociência (CP, 77).

A extensão da informática a todos os domínios da sociedade, os grandes interesses estratégicos e militares em jogo na pesquisa científica, a utilização do saber oferecida pelas ciências humanas a fim de regular os equilíbrios sociais e os mercados mundiais, falsificam brutalmente o ideal do progresso da humanidade pelo conhecimento. Segundo Lyotard, todo discurso que recorre a esse ideal, e à sua transformação grosseira, o *desenvolvimento*, só faz reforçar o consenso público em torno das estratégias de controle mobilizadas pelo capitalismo sistêmico e imperialista e aumentar assim a injustiça que vem junto com toda pesquisa de um crescimento cego de poder (CP, 100). Que soluções podem então ser propostas para essa situação contemporânea de crise profunda?

A crítica da ideologia tecnocientífica feita por Lyotard há vinte anos mostra que aqueles que viam nele um sofista submetido às exigências da tecnociência capitalista estavam errados. O diagnóstico proposto por Lyotard está, aliás, muito próximo daquele desenvolvido por Habermas no final da década de 1960 em sua polêmica com o teórico da sociologia sistêmica, Niklas Luhmann.[3] Na realidade, o que separa profundamente Habermas de Lyotard não é o diagnóstico de crise, mas as soluções que eles propuseram para essa situação. Para Habermas, a crise contemporânea da legitimidade não pode ser superada a não ser definindo os limites exatos do jogo de linguagem das ciências da natureza, limites que o separam do jogo de linguagem da moral e da política que está baseado não sobre a ação eficaz, mas na compreensão, na interpretação, tendo em vista o estabelecimento de um novo *consenso*.[4] Para o Lyotard de *A condição*, ao contrário, não se trata de estabelecer um limite exato entre esses dois jogos de linguagem, mas de encontrar um *princípio de analogia* que permita passar de um dos jogos de linguagem ao outro sem, no entanto, recorrer a uma metalinguagem universalista ou ao critério da eficiência e da performatividade. A esse princípio, Lyotard, em polêmica com a teoria habermasiana do consenso, chama *paralogia*.

Consenso ou paralogia?

Para resumir de modo bastante sintético a posição do filósofo alemão, poder-se-ia dizer que para Habermas a crise das grandes narrativas da modernidade não deve

---

3. Marcando sua distância do historicismo marxista e da sociologia weberiana, Niklas Luhmann, jurista e sociólogo alemão (1927-1998), elaborou uma teoria da sociedade inspirada pela teoria geral dos sistemas de L. von Bertalanffy, o funcionalismo de T. Parsons, a cibernética e a teoria da informação. A controvérsia com Habermas se encontra em *Theorie der Gesellschaft oder Sozialtechnologie?* [Teoria da sociedade ou tecnologia social?], Frankfurt am Main, Suhrkamp, 1971.
4. Cf. em especial Jürgen Habermas, *Técnica e ciência como ideologia*, Lisboa, Estampa, 2001 e *Conhecimento e interesse*. Trad. bras. José N. Heck, Rio de Janeiro, Zahar, 1982.

ser resolvida por um trabalho ativo de luto, mas por sua "reforma". Essa reforma passa justamente por uma nova definição da relação entre os jogos de linguagem teórica e prática, por uma delimitação de suas respectivas configurações impedindo toda totalização e todo "extravasamento" de um jogo sobre o outro. Nesses jogos de linguagem, a verdade e a justiça adquirem então a função de "princípios reguladores", a função de Idéias no sentido kantiano, definindo dois tipos de procedimentos discursivos, dois tipos diferentes de metadiscursos que compartilham, no entanto, um princípio crítico comum.[5] Segundo Habermas, a bem dizer, as argumentações intercambiadas pelos parceiros que interagem nesses jogos de linguagem não podem recorrer nunca, para se legitimar, a uma "apresentação" direta da "verdade" ou da "justiça". Essas idéias não são tais que possam encarnar-se em um conteúdo singular e determinado oferecido à intuição dos parceiros: elas podem somente definir as condições formais de jogo, as condições metalingüísticas "ideais" próprias a inspirar e motivar a cada vez um *consenso*, provisório mas afável, entre os parceiros. Devido a essa nova definição pragmática e linguageira do princípio crítico, sustenta Habermas, a grande narrativa teórico-prática da modernidade se "democratiza" e, conservando intacta sua função social e histórica emancipatória, fica garantida de antemão contra todo risco de recaída no terror.

Ora, o que Lyotard recrimina na "solução" habermasiana? Em *Au juste*, vimos Lyotard às voltas com um problema análogo ao de Habermas, problema que ele formulava da seguinte maneira: como conciliar a

---

5. Sobre a função reguladora da Idéia em Kant (princípio metateórico que regula, de modo subjetivo e "ideal", a experiência em função de um máximo de sistematicidade e de unidade), ver capítulo 1, nota 11.

política democrática da opinião, política inspirada na pragmática linguageira dos sofistas, com uma política que não esquece a dimensão universalista – mesmo se ela não for nunca diretamente "apresentável" – da Idéia kantiana? Considerando a proximidade de seus pontos de partida, poderíamos, portanto, nos surpreender em ver Lyotard polemizar seriamente com a teoria crítica de Habermas.[6] Com efeito, as críticas de Lyotard, apesar de serem às vezes demasiado apressadas, tocam em um ponto delicado que é preciso levar a sério, no nosso entender, e que se pode resumir deste modo: a teoria de Habermas é insatisfatória, pois pressupõe uma articulação frágil e artificial entre o *direito* e o *fato*, articulação que a torna por um lado abstrata demais e, por outro, factual demais. Seu caráter abstrato resulta de ela não respeitar suficientemente as diferenças entre os jogos de linguagem: termina por totalizá-los propondo-se, ela mesma, como essa narrativa teórica que diz a verdade de toda idéia política concreta e que esmaga sua singularidade sobre uma prática abstrata de emancipação. Sua factualidade resulta, em contrapartida, do fato de ela só oferecer aos parceiros um sinal muito fraco dessas Idéias de verdade e de justiça que deveriam orientá-los no "caos de opiniões". Em vez de determinar a moldura crítica ideal na qual a discussão deveria se produzir, o critério formal do *consenso* só dá aos parceiros uma consciência infeliz, a consciência de que,

> [...] como diz Pascal, o que é justo é o que se julgou que era justo e sobre o qual todo mundo está de acordo.

---

6. "O consenso tornou-se um valor ultrapassado, e suspeito. A justiça, porém, não o é. É preciso, pois, chegar a uma idéia e a uma prática da justiça que não estejam ligadas à do consenso." (CP, 106)

> E nessas condições é verdade que não há mais política possível. Só há consenso. (AJ, 155)

Atribuindo ao consenso o valor de uma Idéia reguladora kantiana, Lyotard defende, em suma, que não somente não nos desprendemos do ambiente de ceticismo e cinismo que nos cerca, mas acabamos dando à deslegitimação um valor de *direito*, legitimando *a priori* aquilo em que o sofista tem fé, a convenção. Aqui vemos, portanto, este que era acusado de não passar de um sofista submisso ao poder da tecnociência devolvendo o "presente" ao remetente:

> Ora, encerrado nesse quadro [convencionalista], perde-se toda capacidade de formar o menor juízo [...] sobre o que se deve fazer. A regra da convenção faz com que sejamos obrigados a inclinar-nos – vamos logo direto ao ponto – diante do nazismo. Afinal de contas, como havia uma quase unanimidade sobre o assunto, a partir de onde poderíamos julgar que não era justo? É sem dúvida muito embaraçoso. E por essa razão é que se pôde dizer que os sofistas eram oportunistas e que faziam o jogo dos mestres. (AJ, 143)

Essas teorias críticas que traçaram como objetivo "democratizar" a vida pública, eliminando da narrativa filosófica da modernidade todo risco de terror, experimentaram, portanto, um fracasso paradoxal. Uma teoria formal e transcendental da verdade, ao modo de Habermas e de Apel, não tem como evitar esse fracasso terrível que é o de legitimar o horror que tentávamos a todo custo evitar, conclui Lyotard. Nisso se encontra, no nosso entender, a razão mais profunda de sua recusa de toda teoria do consenso "ao modo alemão", alegação a que todos aqueles que tentaram demonstrar o caráter paradoxal (do ponto de vista performativo) da solução de Lyotard não souberam fazer justiça, e que confere, pois, à doutrina da paralogia e do diferendo uma atração indiscutível.[7]

O problema da "dupla analogia"

A solução de Lyotard para o problema da legitimação visa, portanto, a desvincular o pensamento da política do pensamento da convenção, e a reaproximar a questão da justiça da questão da "verdade" científica. E se a "solução" de Lyotard pode parecer estranha aos olhos de um filósofo alemão, ela não é tão insólita para alguém que se formou dentro da tradição francesa "mais positivista". Essa solução se funda, de fato, numa *dupla analogia* entre o jogo de linguagem "prático-político" e aquele, "cognitivo", da ciência.

A primeira parte da "analogia" lyotardiana segue um caminho *de fato* e visa demonstrar a fraqueza teórica do critério sistêmico de performatividade proposto por Luhmann. Referindo-se às disciplinas que mudaram profundamente a configuração da ciência de nosso tempo – mecânicas relativistas e quânticas, teorias dos "sistemas abertos", teorias das catástrofes e do caos, etc. –, Lyotard ressalta que o equilíbrio energético do qual depende a sobrevida de um sistema natural está ligado a uma condição mais fundamental do que aquela do aumento

---

7. Parece ser este o caso, por exemplo, do livro de Manfred Frank, *Die Grenzen der Verständigung*, Frankfurt am Main, Suhrkamp, 1988, que tenta armar uma discussão imaginária entre Habermas e Lyotard insistindo muito na função da Idéia reguladora desempenhada em Habermas pelo "consenso" sem, no entanto, tomar em consideração esse ponto fundamental da empreitada de Lyotard. Para uma análise da teoria do consenso em Habermas que aprofunda esse ponto crítico, ver Jacques Poulain, *L'âge pragmatique ou l'expérimentation totale*, Paris, L'Harmattan, 1991, p. 130-34, 152-60, e *La neutralisation du jugement ou la critique pragmatique de la raison politique*, Paris, L'Harmattan, 1993.

do poder e da performatividade. Essa condição é definida pela capacidade de "abertura" do sistema, pela sua capacidade de acolher a "diferença" e a "novidade", pois esses fatores de abertura lhe permitem aumentar sua informação local, diminuindo sua *entropia* global.[8] Conclusão de Lyotard: assim como os sistemas biofísicos, os sistemas sociais necessitam de uma prática de justiça, uma pragmática da legitimação, tendendo a garantir os direitos da pluralidade e da diferença (CF, 88-97).

A segunda parte da "solução" lyotardiana para o problema contemporâneo da legitimação segue um caminho *de direito* visando criticar os fundamentos metodológicos da teoria do consenso. Referindo-se às epistemologias de Bachelard, Kuhn, Feyerabend e Serres, Lyotard mostra como o jogo de linguagem da ciência contemporânea aciona dois tipos de pragmáticas diferentes e complementares. De um lado, a pesquisa científica avança em "movimentos normais" que desenvolvem métodos e hipóteses consolidadas e que recorrem ao consenso de uma comunidade científica bastante estruturada e institucionalizada. Por outro lado, o que é ainda mais inventivo e exemplar, a pesquisa procede por meio de "movimentos extraordinários" que perturbam o jogo de linguagem da ciência até mesmo em suas regras mais fundamentais. No que ela tem de mais radicalmente inovador, a ciência contemporânea faz uso, portanto, de argumentações que só podem aparecer como "paralogias" para a "comunidade

---

8. Simplificando as diferentes formulações do segundo princípio da termodinâmica, podemos definir a *entropia* como uma grandeza física que mede a dissipação gradual da "diferença" energética necessária para o funcionamento de um sistema, isto é, a tendência irreversível de um sistema para o equilíbrio, para a homogeneidade, para a "morte". Há algumas décadas (teoria dos "sistemas abertos"), por "entropia negativa" ou *neguentropia* entende-se, ao contrário, uma grandeza que mede a tendência oposta, até mesmo o aumento, mesmo temporário e local, da diferença e da "informação" presentes no sistema.

científica normal", que não teriam nenhuma chance de se afirmar se o método da prova e da aceitação fosse exclusivamente orientado para o ideal do acordo majoritário, pelo critério do consenso. Esses "movimentos extraordinários" tendem mesmo a transformar a pragmática da prova numa discussão sobre as metarregras que presidem ao jogo da linguagem da ciência, redefinindo assim seus objetivos, seus métodos, e suas funções (CP, 47, 104). Conclusão de Lyotard: assim como para a ciência contemporânea, a situação política pós-moderna é aquela em que os "parceiros sociais " são chamados a participar diretamente da discussão das metarregras que ordenam os jogos de linguagem de que participam em sua vida social, profissional e privada. Ela é também aquela em que nenhum movimento de linguagem será *a priori* excluído em razão de sua singularidade, de sua não-convencionalidade; mais do que isso, ela é aquela em que toda novidade deve ser favorecida, pois apenas pela contribuição constante de *imaginação criativa* o sistema pode aumentar suas chances de sobrevida e melhorar suas condições de justiça.

Atingindo esse ponto, "a legitimação pela paralogia" de Lyotard nos parece menos obscura do que certos críticos tentaram demonstrar, mesmo que não deixe de suscitar alguns problemas cujas razões, em linhas gerais, tentaremos compreender. A primeira razão diz respeito ao sentido geral e à legitimidade dessa "dupla analogia" traçada por Lyotard entre a política pós-moderna e a ciência contemporânea. Quando Lyotard enumerava as conseqüências "positivas" do final das grandes narrativas, tinha dado grande destaque à crítica *antipositivista* e *anticolonialista* implícita em seu luto. O jogo de linguagem da ciência no qual se baseia o poder do Ocidente, diz-nos Lyotard, não pode se considerar superior ao jogo de linguagem narrativo, por meio do qual identificamos as culturas primitivas, pois a ciência não pode se legitimar com relação a outros discursos a não ser devido a essa *metanarrativa* que ela teve de tomar emprestada, desde Platão, à filosofia (CP, 51). A essa crítica vem se somar também a da *tecnocracia*. A "frase prescritiva éticopolítica", ressalta uma vez mais Lyotard, não poderá jamais ser deduzida da frase cognitiva científica, pois essas duas frases estão separadas por uma incomensurabilidade essencial. É pelo viés dessa incomensurabilidade que Lyotard reintroduz, portanto, o problema do verdadeiro e do justo no centro da reflexão contemporânea. Contudo, para tentar pensar o problema, Lyotard recorre uma vez mais a uma analogia com a ciência. O que legitima essa *analogia* teórica, essa *passagem* entre jogos de linguagem diferentes e incomensuráveis?

A segunda razão diz respeito à primeira parte da solução lyotardiana, a analogia "de fato" traçada a partir da teoria dos sistemas abertos. *A condição pós-moderna* começava afirmando sua adesão à "virada linguageira" da filosofia contemporânea e principalmente ao método wittgensteiniano dos jogos de linguagem, cujo pressuposto central é o da não-exterioridade do pensamento em relação à linguagem, da necessidade de enfrentar os problemas filosóficos no âmbito da linguagem. Mas como justificar então que o pensamento da justiça seja obrigado a recorrer a uma analogia com as ciências naturais? O conceito de sistema aberto seria então somente um símbolo, uma metáfora, ou então um referente positivo, e "positivista", exterior à linguagem?

A terceira razão, mais "prática", consiste em dar razão a certas observações críticas de Lyotard.[9] Como

---

9. Ver, por exemplo, a parte final do interessante ensaio de Albrecht Wellmer contido na obra coletiva "Jean-François Lyotard: reécrire la modernité", em *Les Cahiers de Philosophie*, 1988, nº 5.

dissemos, essas subjetividades sociais que interagem "nos temas profissionais, afetivos, sexuais, culturais, familiares, internacionais, assim como nos assuntos políticos" (CP, 107) são empurradas pelo contexto pós-moderno para uma consciência maior das regras dos jogos de linguagem dos quais participam. Mas seria essa consciência verdadeiramente suficiente para se contrapor diretamente às forças de controle e de regulação que são veiculadas pela linguagem, que são geradas pelos grupos de interesse, que são multiplicadas infinitamente pelas novas redes de informação? A situação é equívoca, indecidível de antemão, diz Lyotard, mas, para fazê-la bifurcar para o melhor, parece necessário assegurar novas condições de democracia telemática, de modo que ninguém em princípio seja excluído do grande jogo dos "inventores de regras". Mas Lyotard não estaria com isso delimitando a questão da justiça dentro de condições formais análogas às de Habermas? Será que é o Estado, o "sistema", ou então a reflexão filosófica que deve assegurar essas condições formais cujo papel é garantir que a questão da justiça "não evolua para o pior"?

Veremos agora como essas questões da *analogia*, da *passagem* entre jogos de linguagem diferentes, do papel da reflexão filosófica e do sentido por determinar para as palavras "verdade" e "justiça" vão se desenvolver nessa obra que Lyotard considerava como seu "livro de filosofia", *Le différend*.

A ilusão antropomórfica

A "virada linguageira" da filosofia do século XX – repetem-nos muitas vezes – produziu uma nova "revolução copernicana" que situou a linguagem no centro da reflexão contemporânea. Em todo o caso, foi com *Le différend* (1983) que essa virada realizou sua "revolução" mais completa, determinando à linguagem um valor quase absoluto, depurado de toda referência a um *fora* não linguageiro, a uma Realidade "objetiva" e a um Sujeito, empírico ou transcendental, individual ou intersubjetivo, exteriores à linguagem. Sujeito de rosto cambiável e quase inumano, personagem ambíguo cujos objetivos e intenções não conhecemos, a linguagem aparece em *Le différend* como enredada em um drama *impessoal* e *anônimo*, cujo herói verdadeiro não é nem a humanidade, nem o proletariado, nem o indivíduo singular, mas essa unidade mínima, enferma e passiva que Lyotard chama de *frase*.

Desde as primeiras páginas de *Le différend*, Lyotard demonstra a intenção de enfrentar a questão da linguagem de um ponto de vista mais radical do que aquele que havia inspirado *A condição pós-moderna*. Nas obras anteriores, diz-nos Lyotard, essa questão ainda estava viciada pela ilusão de um fora da linguagem, por uma *ilusão antropomórfica*. Como se viu, a teoria dos jogos de linguagem se articulava em torno do princípio segundo o qual *o sentido de uma expressão é determinado pelo seu uso*, princípio pragmático fundamental de onde decorre a tese de que o sentido da "linguagem" está disperso em uma multiplicidade de práticas e gramáticas diferentes. Em *Le différend*, Lyotard reconhece nessa filosofia da práxis linguageira o mérito de ter libertado a pluralidade das práticas lingüísticas da obrigação do idealismo – idealismo platônico, logicista, especulativo e mesmo hermenêutico. Mas ele considera também que a teoria dos jogos de linguagem está ainda exposta ao risco de uma unificação pelo viés de um sujeito antropomórfico quase transcendental que se pretende *dono* e *usuário* da linguagem. Assim, a tese central de *Le différend* é que o sentido não é determinado pelo uso, pois não existe sujeito que esteja em condições de dispor da linguagem. O princípio pragmático do uso pressupõe que o destinador e o destinatário da mensagem preexistam à mensagem trocada. Na realidade, enquanto "usuário virtual" da linguagem, o sujeito só é uma *função* da linguagem, função *destinador* que está sempre relacionada às outras três instâncias – *destinatário*, *sentido* e *referência* –, que o protagonista principal do drama linguageiro, a frase, em seu "acontecer" imprevisível, "apresenta".

Ontologia da frase

A análise das obras precedentes nos mostrou que a linguagem possui uma força fabuladora, criadora de sentido e geradora de "realidade", uma força que Lyotard concebe agora como um *poder de abertura e de fechamento de universo*. Enquanto poder de abertura, a linguagem é *frase*, isto é, ocorrência contingente e imprevisível de um *há aqui* indeterminado, instância temporal doadora do Ser, *acontecimento ontológico* que *apresenta* um "universo de frase" surgindo do silêncio e do Nada que separa cada frase de qualquer outra frase. Enquanto poder de fechamento, a linguagem possui, em contrapartida, os caracteres de um "dispositivo sintético de submissão" que encadeia toda frase singular a um conjunto de regras e de códigos consolidados em um *corpus* de "frases já passadas", em uma tradição. Síntese e submissão agem por *encadeamento de frases*, isto é, devido a uma frase *que vem depois* e que força a ocorrência singular da frase originária a retornar a uma ordem espaciotemporal e categorial predeterminada. Lyotard chama esse encadeamento de "pôr-se em situação", ou *representação* do universo apresentado por uma frase. Essa representação transforma a *apresentação*, o *há aqui* contingente apresentado pela primeira frase, em um *o que há aqui* conceitual. Nessa frase de fechamento de universo, de representação e pôr em situação, a linguagem opera uma "retirada" que reduz o ser singular e contingente apresentado pela frase a um estado *ôntico* dominado por encadeamentos "quase necessários" que encobrem o Nada e o silêncio consubstanciais a cada frase. Tentemos definir melhor esse conjunto complexo de conceitos e metáforas encenados pelo drama ontolinguageiro de Lyotard.

"Destinador, destinatário, sentido e referência" são as instâncias que constituem o universo *aberto* por uma frase, as instâncias que toda frase *apresenta* no momento de sua ocorrência, no momento de seu *acontecimento* imprevisível e contingente.[10] Enquanto uma frase é apreendida em sua ocorrência singular, essas instâncias mantêm entre elas relações indeterminadas, vagas, virtuais. Essas relações sofrem, no entanto, uma primeira formatação e atualização no momento em que uma segunda frase "põe

---

10. Quanto às noções de destinador, destinatário e referência, ver a definição que retiramos das "obras pagãs" de Lyotard (cap. 1, p. 30-1); para a noção de sentido, ver a nota sobre Frege (cap. 2, nota 3). Em *Le différend*, Lyotard pretende redefinir essas noções de modo "ontológico", isto é, como instâncias completamente interiores à "frase", desprendidas de qualquer referência a um fora da linguagem. Mas, podemos objetar-lhe, essa redefinição ainda seria compreensível se os sentidos "renegados" (pragmático-analítico, lingüístico, estruturalista, cibernético-informacional) não estivessem ainda presentes detrás da nova definição? E, aliás, seria possível definir essas instâncias em função da "frase" e definir ao mesmo tempo a dinâmica ontológica da atualização da frase em função do papel desempenhado por essas próprias instâncias? Na realidade, a passagem do "pragmático" ao "ontológico" só nos parece possível devido a uma definição *transcendental* intermediária – definição sempre presente em *Le différend*, embora, às vezes, de modo alusivo e escondido – que tentaremos revelar no próximo capítulo. Essa mediação transcendental permite de fato explicar o que, apesar das oscilações das definições, permanece sempre invariado nessas instâncias: isto é, a função (sempre) ativa do destinador, o caráter (sempre) construído do objeto-referência, o caráter (sempre) *indeterminado, ideal e por-vir* do sentido.

em situação" o *universo* da primeira frase, determinando as condições de possibilidade indispensáveis ao "uso" e à compreensão de seu sentido. Operando essa retroação do pôr-se em situação, a "segunda" frase define o regime de frase precedente, que sofre, portanto, passivamente sua ação. Em relação com essa segunda frase que a põe em perspectiva e em situação, ela define as relações recíprocas entre o destinador, o destinatário, a referência e o sentido, determinando a instância que domina seu universo de discurso. Uma frase em que domina a instância do sentido dá ensejo, por exemplo, a uma *frase cognitiva* ("A sofística é a arte da contradição"), ao passo que uma *frase ostensiva* é uma frase em que domina a instância "referente" ("Este aqui é um sofista"). Se a instância "destinatário" é que determina o universo da frase, obteremos em compensação uma *frase prescritiva* ("Não dê ouvidos aos sofistas") e se é o "destinador" quem determina o regime da frase, teremos uma *frase normativa* estabelecendo um sujeito de direito que legitima uma frase prescritiva ("Nós, os filósofos, detentores da verdade e do saber... julgamos justo e necessário cercar e perseguir os inimigos da república, os sofistas"). Combinações de valores diferentes entre as instâncias produzem tipos de frases diferentes, frases *apreciativas*, *exclamativas*, *exortações*, *etc.* que só podemos aqui deixar por conta da imaginação do leitor.

Contudo, a determinação produzida pelo regime da frase ainda não é suficiente para determinar completamente o valor de uma frase, seu sentido e seu uso. Em certos contextos, uma frase ostensiva pode ter o valor de uma frase cognitiva ou de uma definição, uma frase prescritiva pode ser confundida com uma exortação ou uma oração, etc. É apenas com uma segunda determinação operada pelo que Lyotard chama de *gênero de discurso* que uma frase define completamente seu universo de discurso relacionando-se com outras frases que pertencem ao mesmo regime de frase ou a regimes diferentes, em função de *objetivos de discursos* determinados.[11]

O *gênero de discurso da ciência*, por exemplo, tem por objetivo produzir opiniões e *habitus* consolidados e eficazes, por intermédio de provas e demonstrações que encadeiam frases pertencendo a três regimes principais: "ostensivas", "cognitivas", "lógico-definicionais". Esse encadeamento permite validar uma frase cognitiva, estabelecendo em torno dela um consenso intersubjetivo tão estável quanto possível, até o momento em que uma frase ostensiva apresenta um caso que recusa tal encadeamento (CP, 44; DI, 68-72). Esse último processo de argumentação, que chamamos de *falsificação* em "lógica da ciência", desempenha também um papel central em um outro gênero de discurso, no *gênero de discurso da jurisprudência*, o qual encadeia frases normativas com frases ostensivas e cognitivas no intuito de encobrir o fosso existente entre as prescrições gerais da lei e o caso singular (DI, 23, 91-2).

O *gênero de discurso da política parlamentar*, que nos fornece por ora nosso último exemplo, tem por objetivo a *deliberação* justa e eficaz. Segundo Lyotard, trata-se do gênero de discurso mais complexo e mais frágil, pois ele encadeia "fracamente", isto é, sem nenhuma necessidade evidente, frases que pertencem a todos os diferentes regimes que encontramos, assim como segmentos de argumentação, trechos de discursos de todos os gêneros misturados. Dessa fraqueza, *A condição pós-moderna* viu surgir o problema que chamava de "deslegitimação". Agora veremos transparecer ali, de modo notável, de

---

11. Sobre essa distinção entre *regimes de frase* e *gêneros de discurso*, ver sobretudo DI, 127, 187. No próximo capítulo, será feita uma análise minuciosa que esclarecerá seu valor transcendental.

um modo a partir daí evidente aos olhos de todos, um fenômeno que não tem, no entanto, uma significação exclusivamente política, mas também ontológica, epistemológica, ética, estética, histórica; fenômeno ao qual *Le différend* deve o seu nome (DI, 217).

A escuta dos diferendos

Chegou o momento de encarar a questão central do livro. O que é um *diferendo*? Eis a definição que Lyotard nós oferece logo na primeira página dessa obra:

> Diferentemente de um litígio, um diferendo seria um caso de conflito entre duas partes (no mínimo) que não poderia ser decidido de modo imparcial por não existir uma regra de juízo aplicável às duas argumentações. O fato de uma delas ser legítima não implicaria que a outra também não seja. Se aplicarmos, no entanto, a mesma regra de juízo a uma e a outra para resolver o diferendo como se ele fosse um litígio, causamos dano a uma delas [...] Um prejuízo resulta de uma injúria que se fez às regras de um gênero de discurso; ele é reparável de acordo com essas regras. Um dano resulta de as regras do gênero de discurso segundo as quais julgamos não serem aquelas do ou dos gêneros de discurso julgado/s. (DI, 9)

Para avaliar o primeiro diferendo de que Lyotard nos fala, é preciso pôr-se à "escuta" do dano que toda frase sofre desde que é "encadeada" por outras frases, que a submetem a regimes e gêneros determinados, e que a arrancam desse modo à solidão e à contingência de seu ser livre, indeterminado e singular; à sua *infância* poder-se-ia dizer. Esse drama linguageiro que se repete a cada ocorrência da frase, por ocasião de cada *nascimento* de frase, é um *diferendo ontológico,* pois o que é apresentado pela frase, seu "ser" contingente e indeterminado, se vê forçado a adaptar-se às regras de sua colocação e a tornar-se desse modo um "ente". O gênero de discurso que se chama ontologia, e que Martin Heidegger desenvolveu durante o século XX, era uma primeira tentativa de prestar atenção e dar expressão a esse diferendo originário de que todo acontecimento de ser é vítima. A doutrina da frase de Lyotard tenta ampliar – e de certo modo "laicizar" e "des-antropomorfizar" – essa atitude filosófica de escuta. A narração desse drama ainda "demasiado humano" – centrado na figura do *Dasein*, destinatário "predestinado" para se interrogar sobre o "sentido" a ser atribuído a esse destinatário misterioso que o Ser é – é substituída então pela multiplicidade de diferendos que agitam *esse mar de ninguém que a linguagem é.*

A escuta dos diferendos necessita de uma atitude de espera, atitude que se traduz numa "frase-questão" fundamental: *O que acontece?* O que acontece é sempre uma frase, da qual o regime e o gênero, as regras e a finalidade, só serão definidos devido a uma outra frase que a sucede, e que espera por outra para ser por sua vez representada e "assim sucessivamente". Esse primeiro diferendo, diferendo ontológico, de que toda "frase nascedoura" é vítima, não deveria deixar vestígio: se a frase foi "bem educada", o diferendo cicatriza. O que acontece, às vezes, são frases que indicam um branco, um sobressalto, um soluço, um silêncio em seu encadeamento regular. Essa interrupção no "assim sucessivamente" das frases assinala que o preço pago para que o regime e o gênero dessas frases possam ser determinados é causar-lhes dano, ou até mesmo reduzi-los ao silêncio. "Por falta de regra" e de um discurso que lhes ofereça um domicílio, por falta de um "tribunal linguageiro" em condições de ouvir seu caso e receber sua queixa, o que resta dessas "quase-frases" não passa de um sentimento dissimulado, o sentimento de uma "frase em instância". "*Um sentimento*", diz Lyotard, "*é como uma frase à espera de sua formulação*" (TI, 59).

O diferendo nos apresenta três casos exemplares dessas frases em instância.

> Enquanto um sobrevivente judeu não puder fornecer uma prova concreta da existência das câmaras de gás – defendem os historiadores revisionistas –, nós teremos razão em negar a realidade do holocausto.

Numa sala de tribunal, assim como em um laboratório de ciências, a "realidade" é o resultado de protocolos experimentais e de processos argumentais entrelaçados. Ali, a realidade de um fato só pode ser verificada se uma "frase definicional" ("É a capital do império") se une a uma "frase ostensiva" ("É isto") devido a uma "frase nominativa" ("É Roma") que as reúne em uma "frase cognitiva" ("Roma é a capital do império") (DI, 68-72). Se esse encadeamento de frases não for tal que satisfaça as regras do gênero da jurisprudência ou da ciência, o juiz ou o cientista deve supostamente dar razão à parte ou à hipótese que nega a existência do fato ou do fenômeno. Ora, como não há ninguém em condições de fornecer uma frase ostensiva cujo referente seria a câmara de gás nazista, uma vez que nenhum ser vivo pode ocupar o lugar de destinador da frase "eu estava em uma câmara de gás" sem recair no que se chama uma "contradição performativa", uma vez que certos sobreviventes, duvidando do sentido de seu testemunho e da boa-fé de seu destinatário se fecham no silêncio, os historiadores revisionistas sempre terão "boas razões" para negar a realidade do holocausto (DI, 21).

Segundo Lyotard, os "revisionistas" não são, portanto, "Eichmann de papel" mas simplesmente historiadores positivistas, pois a regra da "presunção de inocência" concede uma vantagem à defesa do mesmo modo que a metodologia falsificacionista considera válida a hipótese que não foi falsificada por nenhum fato ostensivo. Afirmar isso, diz Lyotard, não significa evidentemente legitimar a posição dos revisionistas, mas mostrar a necessidade para o historiador de superar essa concepção "jurídico-positivista" da realidade. Mas qual gênero de discurso de saber, qual tipo de tribunal histórico poderá então acolher a queixa formulada em frases que, na ausência de um destinador crível, de um referente identificável, ou de um destinatário que supostamente compreenda seu sentido, não tenha outra "realidade" a não ser uma lágrima ou um silêncio (DI, 91-92)?

Segundo caso de diferendo. O direito vigente nas sociedades liberais define a relação de trabalho como um caso de relação comercial em que o trabalhador cede sua força e seu tempo em troca de um salário. Qualquer troca pressupõe a equivalência entre o que é trocado, equivalência que deve valer mesmo no caso de o patrão ceder "tempo abstrato" acumulado sob a forma de capital, ao passo que o trabalhador cede "tempo real", tempo que não pode ser nem capitalizado, nem assegurado, nem antecipado, nem adiado, pois pertence ao tempo irreversível de sua existência (DI, 254). Se o trabalhador tentasse dizer que se trata da sua vida – e não de uma simples mercadoria –, se ele tentasse dizer que a força de trabalho que investe na produção não pode ser reduzida a um objeto de consumo, nenhum tribunal de trabalho poderia recompensá-lo do prejuízo que suas frases pretendem atestar. Nesses casos também, as "regras do gênero de discurso por meio das quais se julga" são as de um só dos discursos que estão sendo julgados;

à outra parte não resta nada mais que um sentimento mudo de raiva.¹²

Terceiro caso. Na sociedade contemporânea, "ganhar tempo" é um objetivo constantemente buscado, consiste numa regra universal que define a tarefa essencial de todos os gêneros de discursos que constituem nossa cultura. Em todos os campos do saber e do agir, a "boa performance" – médica, administrativa, esportiva, na decisão, etc. – é medida pelo tempo que ela permite ganhar. O que não se submete a essa regra é considerado inútil e em desuso, e o que não somente não permite ganhar tempo mas ainda por cima faz perdê-lo é objeto de desprezo. Escárnio e desprezo expressam, pois, a atitude geral por meio da qual se recebe a "frase de pensamento", frase que pertence a esse *não-gênero* de discurso que não permite de modo algum economizar tempo e que se chama *filosofia*.

A filosofia como não-gênero discursivo

Avaliada à luz desse imperativo dominante que é o "ganhar tempo", a filosofia parece, pois, desprovida de todo objetivo determinado, a ponto de se poder acusá-la de ser um discurso sem gênero, um "não-gênero" que não se pauta por nenhuma regra predeterminada que permita avaliar seu êxito ou seu fracasso. Mas a ausência

---

12. "Força de trabalho" e "vida", diz-nos Lyotard, não são conceitos, mas Idéias, e uma vez que não existe intuição que corresponda a uma Idéia, só se poderá fornecer uma "ostensão" dessas duas Idéias reduzindo-as a um cálculo de custo-benefício, a um livro-caixa reunindo as necessidades, os consumos e o poder de compra. Se a narrativa que se baseava nessas Idéias, a narrativa marxista, se acha doravante prescrita, o diferendo a que essa narrativa tentava dar voz ainda está vivo. "*Assim, o marxismo não acabou, como sentimento do diferendo*", afirma Lyotard (DI, 236). Mas qual gênero de discurso poderia frasear esse diferendo em um idioma ainda "compreensível" hoje em dia?

de um objetivo *pré-fixado* é um critério suficiente para afirmar que o discurso da filosofia não tem mais sentido? Estar consciente da ausência de regras *predeterminadas* dá razão a quem defende o término desta modalidade de discurso que é a filosofia?

De fato, diz-nos Lyotard, se a filosofia parece não seguir nenhum objetivo nem nenhuma regra predeterminada, é que a única regra que deve ser estabelecida preliminarmente em seu exercício é a que lhe "impõe" buscar por si mesma seus objetivos e suas regras, que lhe "impõe" só aceitar como regra esta que ela estabelece de modo autônomo no curso de um livre exercício de juízo. É dessa "regra de jogo" quase paradoxal, desse "double-bind" discursivo que lhe recomenda "Seja você mesma", embora saiba que esse "si" não é "nada", que decorrem ao mesmo tempo a força e a fraqueza da filosofia. Comparada aos gêneros de discurso institucionalizados, a fraqueza constitutiva da filosofia é de não possuir uma identidade preliminar ao seu exercício discursivo. Essa identidade deve ser redefinida a cada vez pelo *corpus* de frases sedimentadas em sua tradição e a transmissão de suas regras de encadeamento não basta para compensar essa ausência e essa falta que a afetam de dentro, e que ressurgem por ocasião de cada interrupção do "assim sucessivamente" das frases, por ocasião de cada acontecimento. Segundo quais regras pode-se encadear após Auschwitz uma "frase de pensamento"? Como frasear o silêncio do sobrevivente ou a raiva muda do trabalhador assalariado na época em que triunfa o discurso da tecnociência capitalista? Aliás, como pensar a filosofia depois de ter decretado – em nome do pluralismo sofístico, do figural artístico, dos dissidentes políticos, das mulheres, dos estudantes, e de todas as outras minorias de revolta – o fim desse discurso que representa "a loucura do Ocidente" (RP, 227), o fim da filosofia?

Esse exercício singular de discurso que se chama filosofia, defende agora Lyotard, só pode perseverar contanto que reflita a si mesmo, que se compreenda como um exercício de linguagem que está constantemente em busca de si mesmo, em busca das condições *transcendentais* que lhe dão um sentido e o tornam possível. Desde Kant, como se sabe, a busca das condições *a priori* que fundam e legitimam nossos juízos científicos, éticos e estéticos, tem sido a tarefa principal da filosofia crítica. Em *Le différend*, Lyotard dá, portanto, uma resposta afirmativa para a questão do sentido da filosofia, reatando com a tradição do pensamento crítico, mas enfatizando uma interpretação do "transcendental" que marca uma tomada de distância essencial com relação a Kant: as condições de possibilidade da filosofia nunca são dadas de uma vez por todas, pois se encontram submetidas à ocorrência contingente das frases, suspensas ao "*ek-estase temporal*" – a interrupção, o vazio, o nada – do *Isso acontece?*, voltadas para a escuta do acontecimento. Essa atitude de escuta é o que expõe o pensamento à dimensão mais originária do tempo, a esse *agora* absoluto e irredutível que fratura o "Eu penso" e não permite às sínteses do entendimento reconstituir a identidade partida. O acontecimento é o que destitui o "Eu penso", suspende a síntese, o "pôr-se em situação", a série ordenada das frases, e, submetendo o pensamento ao tempo, não permite, é claro, ganhar tempo.

"A síntese está sempre por recomeçar", repete Lyotard. Se o pensamento é destituído pelo acontecimento, é porque *do tempo não se pode fazer totalidade*. A busca que anima a filosofia mais se assemelha então a um interminável exercício de *anamnese* (de escuta e de rememoração) de suas condições constitutivas do que a construção de um sistema acabado que encerraria o pensamento no interior de um metadiscurso totalizante válido, como queria Kant, para "toda metafísica futura". A pesquisa científica nunca vai dar em uma identidade transcendental acabada, pois, se ela não pode impedir a chegada de *uma* frase, ela não pode nunca sair do tempo que surge a cada vez desse *agora* que a nova frase apresenta (DI, 111-21). O que a filosofia descobre refletindo sobre seu exercício é então uma ausência, um nada, uma "passividade sensível" – uma *passibilidade,* diz-nos Lyotard –, que são uns tantos sinais de sua fraqueza interna, mas também de sua capacidade de acolher o acontecimento.

Essa passibilidade ao acontecimento é o que serve de *fio condutor* à anamnese reflexiva. Em seu exercício de pensamento, a filosofia não é guiada por uma regra de síntese que lhe permitiria sempre enfrentar "o que acontece" submetendo a singularidade imediata de uma frase a categorias e a códigos preestabelecidos. O que serve de fio condutor ao pensamento é, antes, essa capacidade de ser afetado pelo que acontece, esse sentimento do acontecimento a que Lyotard – comentando o Kant da terceira *Crítica* – atribui um duplo valor, "heurístico e reflexivo" (LAS, 41-61). Considerado em seu valor reflexivo, o sentimento informa o pensamento sobre a sua condição subjetiva, sobre o seu estado de pensamento captado pelo que é singular, imediato, sem precedentes, estado de inarmonia, de discordância, que sacode o pensamento em suas certezas e em sua identidade profunda. Considerado em seu valor heurístico (cognitivo e inventivo), o sentimento desafia o pensamento a lhe fornecer um abrigo, forçando-o a ir para ali onde não há nenhuma categoria preestabelecida, oferecendo-lhe a oportunidade de exercer uma faculdade mais profunda do que aquela voltada para a aplicação das regras do entendimento. É por esse poder "domiciliador" *pré-conceitual* e *pré-lógico*, por essa faculdade que procede *por analogia* interpretando os "signos de sentimento" *como se* eles fossem frases de um idioma desconhecido, que os sentimentos em instância, os diferendos que agitam nosso tempo têm uma oportunidade de encontrar uma expressão.

Por causa de Kant, Lyotard chama essa faculdade escondida e profunda – que é como a infância do pensamento, pois o pensamento "nasce ali", atingindo seu exercício mais original e autêntico – *juízo reflexionante*. Enquanto exercício reflexionante de juízo é que, segundo Lyotard, a filosofia ainda conserva uma chance de ser fiel à tarefa mais elevada do pensamento. Pois a escuta dos diferendos é o nosso modo de não esquecer a Idéia.

4
O desafio do juízo

> Os poucos homens que ainda eram capazes de distinguir o bem do mal, só o faziam por sua própria iniciativa, e livremente [...]. Eles deviam avaliar por si mesmos cada caso à medida que se apresentavam; pois não havia regras para o que é sem precedente.
>
> Hannah Arendt, *Eichmann em Jerusalém*

A analogia lyotardiana

Le différend é um livro construído inteiramente sobre uma analogia original e exitosa que ainda não acabou de produzir seus efeitos sobre a filosofia contemporânea. Essa analogia, que Lyotard desenvolveu ao longo de seus trabalhos na década de 1980, estabeleceu uma correspondência, às vezes explícita, às vezes secreta, entre o método wittgensteiniano de análise das frases e a filosofia crítica kantiana. A originalidade, o interesse dessa analogia teórica é duplo. Por um lado, ela permitiu aproximar os autores que marcaram profundamente nossa modernidade filosófica, lançando uma ponte entre as tradições continental e anglo-saxônica da filosofia; por outro lado, ela reatualizou a filosofia crítica com uma reinterpretação linguageira das noções transcendentais, e renovou a análise da linguagem no horizonte da "Idéia crítica" kantiana. Tentemos analisar essa analogia teórica que vai nos permitir compreender a questão que nos interessa aqui, a questão do juízo.[1]

No nosso entender, o princípio seguido pela analogia lyotardiana pode ser esclarecido da seguinte maneira. A tarefa da filosofia crítica kantiana é a análise de nossos juízos cognitivos, éticos e estéticos, e das condições que legitimam suas formas superiores, formas *a priori* constitutivas da *Idéia de Cultura*. Em cada área da Cultura, essas condições *a priori* são definidas por relações determinadas entre as faculdades humanas (a sensibilidade, o entendimento, a imaginação e a razão) e as representações (sensações e intuições, esquemas, conceitos, Idéias) de que essas faculdades são as fontes. No domínio "cognitivo", por exemplo, só haverá juízo científico necessário se as representações fornecidas pela sensibilidade – as sensações e intuições puras – se submeterem ao trabalho de síntese operado pelo entendimento "unificador", pela imaginação "esquematizante" e pela razão "totalizante". No domínio "prático", só haverá juízo moral manifesto se a máxima que o entendimento fornece a nossa ação se tornar independente das representações da sensibilidade e se submeter ao princípio "universalista" da razão. E, necessário nesse domínio estético, é se estabelecer um acordo livre e indeterminado entre o entendimento e a imaginação para poder julgar se uma coisa é bela...

---

1. Lyotard defende às vezes que a filiação entre os dois filósofos é quase direta: "A explosão da linguagem em famílias de jogos de linguagem heterônomos é o tema que Wittgenstein, sabendo ou não, recebe de Kant e leva o mais adiante possível no caminho da descrição rigorosa". Cf. J.-F. Lyotard, "Introduction à une étude du politique selon Kant", in Vários autores, *Rejouer le politique*, Paris, Galilée, 1991, p. 133.

Ora, se tentarmos substituir, nesse quadro transcendental bastante sumário, a palavra "representação" pela palavra "frase", e a palavra "faculdade" por "regime de frases" – termo que, como foi visto, substitui, em Lyotard, o wittgensteiniano "família de frases" –, o que obtemos se assemelha muito com o esquema teórico de *Le différend*. As "intuições" e as "sensações" aparecem ali sob o título genérico de "frases ostensivas"; os conceitos e as categorias (conceitos puros do entendimento) são definidos ali como "frases cognitivas" ou "frases lógico-definicionais"; e as Idéias da razão constam ali sob títulos diferentes segundo seu "bom ou mau" uso: "frases especulativas", "frases metalingüísticas", "frases normativas"... e "frases de pensamento" que dão expressão a um *diferendo*.

Deixando de lado, no momento, o caráter complexo das "frases da razão", observar-se-á que, interpretada dessa maneira, a analogia lyotardiana entre "frases" e "representações", "faculdades" e "regimes de frases" apresenta, em todo caso, dois pontos de assimetria importantes. Um desses pontos, que em seguida esclareceremos, diz respeito às representações transcendentais da imaginação pura, os *esquemas*, que Lyotard "traduz" em termos de "frases nominais".[2] O outro diz respeito à "frase prescritiva", o *tu deves*, fundamento de nosso "estar junto" ético e político, que Lyotard, como foi visto, quer preservar de qualquer redução aos regimes das "frases cognitivas" e das "frases normativas". Nesse caso, a assimetria decorre do fato de que, em Kant, não há uma *faculdade* específica da qual decorreria diretamente a prescrição moral, pois essa última é o resultado

---

2. No próximo capítulo, veremos que Lyotard interpreta os esquemas transcendentais da imaginação como "redes de nomes", revelando desse modo o caráter *nominalista* e *convencionalista* de sua epistemologia.

de um "encadeamento" de representações que têm sua origem no entendimento, na razão, na sensibilidade. Para Lyotard, em suma, *tu deves* é o nome de uma família de frases particulares, enquanto em Kant *tu deves* é o resultado de uma *ordenação de frases* conforme as regras estabelecidas por um *gênero particular de discurso*, o "gênero moral" próprio da *Faculdade de desejar*.

Esse deslocamento da frase prescritiva do "gênero de discurso" para o "regime de frases" assume efetivamente uma importância considerável. Por um lado, é a esse deslocamento que se deve relacionar a crítica que Lyotard, inspirado pelo radicalismo ético de Lévinas, dirige à filosofia prática de Kant, acusada de submeter a frase prescritiva ao regime normativo e universalista da razão especulativa (LL, 129, 143).[3] Por outro lado, a "assimetria moral" que decorre desse deslocamento nos permite especificar nossa análise da analogia transcendental-linguageira de Lyotard interrogando-nos sobre a diferença entre regimes de frases e gêneros de discursos, diferença essencial no que diz respeito à questão do juízo.

O arquipélago crítico

O que distingue, portanto, um regime de frase de um gênero de discurso? Em Kant, a palavra "faculdade" tem de fato dois sentidos diferentes que tentaremos indicar ao leitor pela oposição *F/f*. Em um primeiro sentido, *faculdade* denota o conjunto dos poderes intelectuais – sensibilidade, entendimento, imaginação e razão – do qual decorrem, como de quatro *fontes* diferentes, nossas representações (sentido *quase causal*). Em um segundo sentido, *Faculdade* denota, em contrapartida, o tipo de relação que as representações estabelecem com seu

---

3. Cf. capítulo 5, "O sublime moral: a lei judaica".

objeto e seu sujeito definindo o *objeto superior*, ou o *interesse transcendental*, próprio a cada domínio da Cultura. No domínio especulativo definido pela Faculdade de conhecer, por exemplo, a representação deve supostamente instaurar com seu objeto uma relação de conformidade ou adequação cognitiva. Essa relação cognitiva – relação de adequação que, como se sabe, não é simplesmente decalcada no objeto, mas produzida ativamente, de modo transcendental, pelo Sujeito – só pode, no entanto, se estabelecer se, entre as quatro *faculdades* fontes de representação, se realiza um acordo determinado por uma delas, o entendimento. Nessa área, é o entendimento efetivamente que estabelece a *regra de encadeamento* que deve ser seguida pelas outras *faculdades* a fim de realizar o objetivo cognitivo que caracteriza no sentido próprio a Faculdade de conhecer. "Interesse", "relação", "encadeamento", "regra" e "objetivo" nos indicam, além disso, que *Faculdade* deve nesse caso ser interpretada em um sentido *final* de preferência a um sentido causal.[4]

Ora, é preciso observar aqui que é esse mesmo caráter *final* que, segundo Lyotard, serve para distinguir os "gêneros de discursos" dos "regimes de frase". Como foi visto, um regime de frase se instaura por uma espécie de ação *quase-causal* exercida retroativamente por uma frase sobre as instâncias apresentadas pelo universo da frase que a precedia, ação que determina o papel que as instâncias "destinador, destinatário, sentido e referente" desempenham nesse universo, e que submete assim a frase a um regime de frase – a uma *faculdade* – particular. Os gêneros de discursos, em contrapartida,

---

4. No que concerne à duplicidade da palavra *faculdade* em Kant, ver os esclarecimentos prestados por Lyotard em "Les lumières, le sublime. Un échange de paroles entre J.-F. Lyotard, W. van Reijen e D. Veerman" em *Les Cahiers de Philosophie,* nº 5 (*J.-F. Lyotard. Réécrire la modernité*), Presses de l'Université de Lille III, 1988, p. 82.

exercem sua ação não retroativamente, em direção ao passado, mas para frente, em direção a um fim por ser realizado no futuro. Devido a eles, as frases, com seu regime "*facultário*" específico, são captadas em uma ordenação discursiva definida em sua "forma superior" por regras mais precisas.

Considerados na pluralidade e na diversidade incomensurável das regras e dos objetivos que os definem, tais gêneros de discursos constituem esse conjunto heterogêneo e fragmentado – que não é apresentado como objeto à intuição, pois só existe como *Idéia* – e que chamamos de Cultura. Tanto para Lyotard como para Kant, a tarefa primeira da filosofia crítica é, a bem dizer, velar pelo caráter "inapresentável" dessa Idéia, impedindo que um gênero de discurso seja esmagado pelo outro, impedindo toda ação totalizante de uma faculdade sobre as outras, traduzindo essa Idéia em um sistema unitário. Essa "atitude guardiã" diante da pluralidade dos fins da Cultura motiva profundamente o "retorno a Kant" de Lyotard, retorno que marca o final definitivo das aventuras dialéticas e totalitárias da Idéia.[5]

---

5. "Essa construção de pensamento nos foi oferecida há mais de dez anos, e insisto em julgar que nada foi escrito no momento, nem desde então, que retrate com tanta exatidão a guerra de legitimidade, tal como ela assola um mundo desprovido de clausura ética. Guerra que, como explica Lyotard, não é somente a tensão permanente do político moderno, cada diferendo maior da história contemporânea sendo antes de tudo um diferendo sobre o referencial em que pensar o diferendo, e os efeitos de vitória [...] se deixando descrever como efeitos de ocupação da cena da fala por um regime de enunciação: ela é também o elemento de inquietação que revitaliza e carrega de ansiedade o que se faz e se inventa no registro cultural (a arte, a ciência) tanto quanto no registro existencial (o amor, a liberdade). Lyotard conseguiu descrever em grandes traços o panorama filosófico da situação moderna [...] essencialmente porque soube com paciência e perseverança recusar toda adaptação exemplar, todo embelezamento consolador para essa situação. Em resumo, Jean-François Lyotard está filosoficamente inscrito

Eis, portanto, o quadro de conjunto em que se desenvolve a analogia lyotardiana, entre o transcendental kantiano e a analogia das frases herdada de Wittgenstein. O objetivo dessa analogia fica agora mais claro: a análise das frases purifica a filosofia transcendental da metafísica do Sujeito, que se achava no fundamento, conferindo-lhe um caráter linguageiro eminentemente intersubjetivo; mas a filosofia transcendental, por sua vez, aprende com a análise da linguagem a reconhecer *passagens* nesse conjunto de ilhas discursivas que constituem o arquipélago de nossa Cultura. Essas passagens permitem ao crítico vigilante "navegar" por entre as ilhas, favorecendo os intercâmbios e a comunicação, e respeitando ao mesmo tempo suas diferenças específicas de regras e de objeto. Essa *Faculdade* estranha – "sem território, nem domínio próprio", sugere Kant na terceira *Crítica* –, essa capacidade misteriosa de navegar nesse *mar de ninguém* que delimita e ao mesmo tempo reúne as *"ilhas da ordem" do arquipélago de nosso saber*, é a Faculdade de julgar. É nessa Faculdade de julgar de modo radical, sem regra preestabelecida, o que é singular e novo, que repousa a esperança de Lyotard de frasear isso que nenhum gênero de discurso permite frasear e que é objeto de diferendo (DI, 100, 189-96).

Determinante e reflexionante

A Faculdade de julgar pode ser definida de modo geral como um poder de conexão ou de encadeamento, conexão de um predicado com um sujeito em uma proposição ou então a ordenação de muitas frases em um raciocínio. No decurso da história da filosofia, essa Faculdade nunca pôde ser reconhecida sem que fosse levantado o

---

como guardião do diferendo." Jean-Michel Salanskis, "Le gardien du différend", in *Les Temps Modernes*, nº 599, 1998, p. 117.

problema ainda mais crucial da identificação das leis lógicas – psicológicas, formais ou transcendentais – que tornam possível e justificam a "síntese judiciária". Vimos que, para Lyotard, essa faculdade de ordenação parece, entretanto, exprimir um dos poderes mais originais e fundamentais da linguagem, "poder de fechamento" que se expressa primeiramente como regime de frase – encadeando o universo de uma frase a uma fonte *facultária* (ou "instância dominante") – e em seguida como gênero de discurso – encadeando frases de regime diferente segundo as regras e os fins próprios a cada Faculdade. Ora, como acreditar que essa Faculdade de julgar, que encadeia e compartimentaliza, possa abrir e ultrapassar as fronteiras discursivas preparando-nos para o advento do que é sem precedentes? Como pode ela nos permitir sair dos regimes e dos gêneros que produziu e não cessa de perpetuar, para nos fazer ficar à escuta de frasessentimento desprovidas de qualquer regra determinada?

O caminho escolhido por Lyotard para ilustrar esse duplo poder de fechamento e abertura próprio ao juízo segue a distinção kantiana entre *juízo determinante* e *juízo reflexionante*. Simplificando um pouco, um juízo é "determinante" ou "apodíctico" se ele submete um caso singular a um conceito e uma regra de aplicação conceitual dados; é "reflexionante" ou "hipotético", todavia, se, em presença de um caso desconhecido e singular, o juízo é obrigado a identificar, ou mesmo inventar, o conceito e a regra de aplicação adequados.[6] Consideradas no

---

6. Na *Crítica da faculdade do juízo*, Introdução, "A faculdade do juízo enquanto faculdade legisladora *a priori*", Kant esclarece assim a distinção: "A faculdade de julgar é em geral o poder de pensar o particular como contido no universal. Se o universal (a regra, o princípio, a lei) é dado, então a faculdade de julgar, que nele subsume o particular, é determinante [*bestimmend*] (o mesmo ocorre quando, como faculdade de julgar transcendental, ela indica a *priori* as condições em conformidade às quais se pode subsumir apenas nesse universal). Mas, se

plano transcendental (e não mais empírico), essas duas formas de juízo correspondem, por outro lado, a dois usos diferentes das *faculdades*: um uso "determinante" estabelecido por uma *f*aculdade legisladora – o entendimento no domínio teórico, a razão no domínio prático – que regula a contribuição das outras faculdades com o intuito de "constituir" o objeto transcendental visado; ou então a um uso "reflexionante", que permite apenas refletir de modo "regulador", subjetivo e analógico, sobre um objeto apresentado, em sua forma, e mesmo em sua matéria, a uma intuição sensível desprendida de todo conceito específico.[7]

---

apenas o particular é dado, para o qual a faculdade de julgar deve encontrar o universal, então a faculdade de julgar é simplesmente reflexionante [*reflektierend*]" (a partir da tradução francesa sob a direção de F. Alquié, Paris, Gallimard, 1985, revisão de A. Gualandi. Trad. bras. de V. Rohden e A. Marques, Rio de Janeiro, Forense Universitária, 2002). Cf. também Kant, *Crítica da razão pura*. Analítica dos princípios, "A faculdade de julgar transcendental em geral"; Apêndice à dialética transcendental, "Do uso regulativo das idéias da razão pura".

7. Em uma passagem famosa que conclui a Introdução da *Crítica da faculdade do juízo* ("Da conexão das legislações do entendimento e da razão mediante a faculdade do juízo"), Kant resume esses diferentes usos das faculdades da alma em função de seus objetivos superiores – em função das Faculdades "transcendentais" de conhecer, desejar e sentir – do seguinte modo:

"No que diz respeito às faculdades da alma em geral, na medida em que elas são consideradas como superiores, isto é, como aquelas que contêm uma autonomia, o entendimento é para a faculdade de conhecer (conhecimento teórico da natureza) o que contém os *princípios constitutivos a priori*; para o *sentimento de prazer e de desprazer*, é a faculdade de juízo, independentemente dos conceitos e das sensações, que se reportam à faculdade de desejar e desse modo ser imediatamente práticas; para a *faculdade de desejar*, é a razão que é prática sem a mediação do menor prazer [...] e que determina por essa faculdade, enquanto faculdade superior, o objetivo final [...]. O conceito de uma finalidade da natureza [*produzido pela*] faculdade de juízo [*de modo reflexionante e analógico*] pertence ainda aos conceitos da natureza, mas somente como princípio regulador da faculdade de conhecer: embora o juízo estético acerca de certos objetos (da natureza ou da arte) que produz esse conceito seja um princípio constitutivo em respeito ao sentimento [subjetivo]

Em suma, se o juízo determinante representa o tipo de encadeamento requerido pela Faculdade especulativa, pelo gênero de discurso da ciência e do direito, o juízo reflexionante representa, em contrapartida, o tipo de encadeamento demandado pela Faculdade de sentir superior, pelo gênero de discurso estético, pela "linguagem" (de matérias e de afetos) da arte. E, como adiantamos, é a essa Faculdade de julgar de modo reflexionante, criativo e "artista", que Lyotard atribui a tarefa de abrir uma passagem entre os diferentes gêneros de discursos, de dizer o que não é possível dizer, de frasear o diferendo.

Tentemos agora especificar essa distinção quanto à maneira pela qual a "frase-sensação" e a "frase-sentimento" são encadeadas nesses dois tipos diferentes de discursos, o discurso da ciência e o da arte.

O encadeamento científico da frase-sensação

Em sua ocorrência contingente e anônima, em seu advir sem causa, a sensação kantiana poderia fornecer um exemplo de *apresentação*, isto é, de frase apreendida em seu ser ontológico mais puro, a-subjetivo, não submetido a certa regra que estabeleceria sua identidade apontando a instância dominante de seu universo de frase. Considerada em sua dimensão originária de puro aparecer, a sensação é como uma frase pronunciada por um destinador desconhecido, cujo idioma só conhecemos de modo vago e metafórico... *como se* essa frase não *nos* fosse "predestinada", a mim, o Sujeito, a nós, os humanos.

---

de prazer ou de desprazer. A espontaneidade no jogo das faculdades de conhecer, cujo acordo é o fundamento desse prazer [*estético*], torna o conceito [*reflexionante de uma finalidade da natureza*] apto à mediação da conexão dos domínios do conceito da natureza com o conceito de liberdade [...] promovendo a receptividade do espírito para o sentimento moral" (a partir da trad. fr. revista por A. Gualandi).

Lyotard ilustra essa relação comunicativa originária e misteriosa com uma imagem expressiva e rica em conotações: Cézanne, só, diante da montanha Santa Vitória, diante desse "X" ontológico que lhe destina mensagens obscuras de nuanças infinitamente cambiantes, e ao qual o pintor só sabe responder encadeando pinceladas de cor sobre a tela (PP, 8).[8]

Mas a atitude do filósofo diante da sensação é menos desinteressada que a do pintor, e se ele responde à frase-sensação do destinador desconhecido é muitas vezes para dominá-la. Segundo Lyotard, já na *Estética trancendental*, Kant tenta forçar a *apresentação sensível* dentro de leis identitárias do entendimento, eliminando da sensação seu caráter de acontecimento anônimo e contingente. A quase-frase da sensação fica então "situada" sob a instância destinatária de uma primeira frase do Sujeito, de uma "frase ostensiva" que indica à frase do destinador desconhecido um espaço e um tempo determinados.[9] Na *Analítica transcendental*, em seguida, essa frase ostensiva se acha encadeada por um "esquema nominal" que integra os dêiticos espaciotemporais da primeira frase – "isso, aquilo, aqui, agora", etc. – em um sistema de nomes independentes de toda referência a um *hic* e *nunc* imediato e singular.[10] Devido a esse encadeamento "bem formado" de frases, a quase frase-sensação fica enfim reduzida a uma fase da dialética do Sujeito, dialética que tem como objetivo submeter as diferenças sensíveis à identidade do conceito, garantindo

---

8. Percebe-se o modo singular pelo qual Lyotard se apropria da interpretação fenomenológica da pintura de Cézanne (cf. Maurice Merleau-Ponty, *Sens et non sens*, 1948).

9. "A questão do *há aqui* [*Il y a*], evocada por um momento sob forma do dado sensível, é logo esquecida em favor do *isso que há aqui* [*ce qu'il y a*]" (DI, 101).

10. Sobre os dêiticos, ver cap. 2, nota 4, p. 49.

assim o domínio exercido sobre a realidade pelo discurso do conhecimento.

De acordo com Lyotard, no entanto, a importância do pensamento de Kant não decorre apenas da descoberta e da sistematização das regras do discurso da ciência moderna, mas muito mais da descoberta do *resíduo* inelimável produzido pelo encadeamento cognitivo. O que permite, na realidade, a frases de regimes diferentes se adaptarem umas às outras conforme as regras estabelecidas pela Faculdade de conhecer? O que nos permite acreditar que o destinador anônimo da frase-sensação ocupa, sem com isso sofrer o dano, o lugar de destinatário de uma frase espaciotemporal ostensiva? E como acreditar então que a língua falada pelo sujeito seja a mesma falada pelo destinador desconhecido da frase-sensação? Na realidade, de acordo com Lyotard, já é no plano da Faculdade de conhecer que a realidade é o objeto de um diferendo entre frases que pertencem a regimes incomensuráveis, e a grandeza de Kant é de ter julgado impossível resolver esse diferendo no nível especulativo, o conceito de númeno sendo o signo indelével dessa impossibilidade transcendental.

Algumas considerações gerais se impõem aqui. Para esse filósofo radicalmente crítico que é Lyotard, o discurso científico não pode se fazer passar por um discurso ontológico, nem o discurso ontológico por um discurso científico, pois, do destinador desconhecido da frase-sensação, não se pode afirmar que ele é Uno nem que é Múltiplo, antes Ser que Nada, onda, partícula, energia ou "intensidade", mas apenas que é o objeto de um diferendo insolúvel quanto à melhor maneira de dar-lhe ouvidos (como destinador), de dirigir-se a ele (como destinatário), de falar dele (como referente) e de atribuí-lo (como sentido) a tudo que existe (os *entes*). E se Aristóteles afirmou, primeiro, que o Ser "se diz em uma pluralidade de sentidos",[11] Lyotard talvez entre para a história como o filósofo que mostrou que essa pluralidade não enseja uma coexistência pacífica, mas um combate incessante entre diferentes regimes de frases e de gêneros de discursos. O que implica dizer que "a ontologia é imediatamente o político", *leitmotiv* do pensamento de Lyotard.[12]

A analogia estética

Se a primeira *Crítica* é o teatro de um diferendo insolúvel, quanto ao modo de encadear sobre a frase-sensação, na terceira *Crítica* o Pensamento kantiano parece demonstrar uma atitude bem mais flexível e receptiva diante do dado sensível, atitude atualizada na definição de regras particulares de encadeamento para a frase-sentimento "isso é belo". Ajudados pela leitura de Lyotard, ressaltemos em algumas linhas os traços principais dessa estética reflexionante.

Na estrutura da última *Crítica*, a reflexão de Kant sobre o belo precede aquela "teleológica" sobre a natureza viva, e a prepara para o plano do sentimento de prazer produzido no Sujeito transcendental por uma conexão livre e harmoniosa das faculdades. Sendo chamados a julgar acerca da beleza de uma criação da natureza ou da arte, o entendimento e a sensibilidade se arranjam entre si numa relação de harmonia *análoga* à que assumem na atividade de conhecimento, mas sem a intervenção de conceito algum. Em relação ao objeto e à "dedução transcendental" que Kant dele depreende, o juízo estético é, portanto,

---

11. Cf. Aristóteles, *Metafísica*, livro Γ, 2, 1003 a, livro Z, I, 1028 a.
12. Cf. "A propos du *Différend*. Entretien avec J.-F. Lyotard" [Acerca do Diferendo. Entrevista com J.-F. Lyotard], in *Réécrire la modernité*, op. cit., p. 50.

singular, *contingente* e *livre,* pois a unidade e a finalidade que descobre no objeto belo não são efeito das categorias e dos princípios do entendimento, mas apenas o reflexo do estado "sentimental e subjetivo" de harmonia em que nos achamos ao contemplar as formas sensíveis. Em relação ao Sujeito que contempla e julga, no entanto, em vez de exprimir uma simples inclinação sensível e "patológica", o juízo estético veicula uma exigência de partilhamento e comunicabilidade intersubjetiva do sentimento de beleza que lhe confere as características de *necessidade* e de *universalidade* análogas aos do juízo de conhecimento (LAS, 30-3). Mas, indaga Lyotard, essa dupla dedução objetiva-subjetiva do juízo estético explica suficientemente essa combinação paradoxal de singularidade e de universalidade, de contingência e de necessidade, de liberdade e de obrigação que o caracteriza (LAS, 62, 248)?

No intuito de oferecer uma solução para essa "antinomia" crítica, Lyotard ressaltou muitas vezes a exigência de retomar a articulação transcendental complexa e profunda do pensamento kantiano. Segundo Lyotard, é sem dúvida o acordo "harmonioso e livre" das faculdades que justifica em Kant a exigência de uma *comunicabilidade a priori* do juízo estético, e não, como queriam alguns intérpretes, a existência *de fato* de uma comunidade de gosto (LAS, 232, 262). O *senso comum estético,* a que Kant parece recorrer para fundar esse acordo transcendental, não autoriza na verdade nenhuma tentativa de redução empírica e de fundação sociológica ou antropológica do juízo estético, mas apenas um raciocínio *por analogia,* raciocínio em que tudo acontece *como se* essa livre harmonia das faculdades fosse o signo da unidade "numenal" da alma, *como se* esse consenso que se produz na comunidade estética fosse o signo da unidade suprasensível de todos os seres livres no reino dos fins, *como se* o Belo fosse enfim o símbolo do Bem (LAS, 253-61). Em suma, o acordo estético das *faculdades* é obra de um juízo analógico e reflexionante que lança uma ponte sobre o *abismo* que separa o mundo dos fenômenos daquele dos númenos, abrindo uma *passagem* entre o domínio dos conceitos e o das Idéias, entre a Faculdade de conhecer e a de desejar. Essa função especial de "entre dois mundos" é o que explica mais profundamente a duplicidade aparentemente paradoxal de atributos que caracterizam o juízo "isso é belo".

Que conclusões é preciso, pois, tirar dessa "leitura"? Ao tentar fornecer uma legitimação transcendental para os juízos estéticos, Kant atualiza uma Faculdade de juízo que traça *passagens* entre os diferentes gêneros de discursos com o objetivo de descobrir um exemplo, um símbolo, um princípio ou uma regra para "frasear" um sentimento singular e sem precedente. O instrumento de passagem descoberto por Kant, observa com exatidão Lyotard, é o *como se...*, *a analogia*, método flexível e criativo de encadeamento das frases que respeita as diferenças de regime e os abismos que as separam (LAS, 87). No entanto, o mais importante é que Kant não restringiu esse método reflexionante ao domínio da estética, pois, mesmo se o faz do modo fragmentário esboçado, *ele o estendeu a esses não-gêneros de discursos que são a política e a filosofia*, lançando assim as bases de uma *Crítica da razão política* e de uma *filosofia radical do juízo*.

Antes de analisar o modo como, segundo Lyotard, Kant realizou essa "exportação" e, primeiramente, as condições que tornam possível atualizá-la hoje, concentremos nossa atenção nas conseqüências que se devem tirar do lugar especial ocupado pela estética na economia do pensamento kantiano. As análises anteriores seguiram o fio condutor oferecido pela distinção entre "sensação" e "sentimento", mostrando-nos que é em torno dela que se consolida em Kant a oposição entre dois sentidos incomensuráveis da palavra "estética": a estética como doutrina que analisa a sensação em função de seu "encadeamento" ao conceito ("Estética transcendental", *Crítica da razão pura*), e a estética como doutrina das formas superiores de prazer e desprazer, análise transcendental do sentimento do belo e do sublime (*Crítica da faculdade do juízo*). O que parece, portanto, nos sugerir Lyotard é que o poder reflexionante do juízo só pode ser apreendido em toda sua radicalidade superando a distinção entre essas duas dimensões da estética e reencontrando uma dimensão profunda da sensibilidade em que a estética não é mais a "antecâmara" da epistemologia nem uma simples descrição teórica das regras do "jogo da linguagem" da arte (GK, 14). Enraizando-se nessa dimensão profunda, "quase ontológica", da sensibilidade, a filosofia do juízo de Lyotard parece descobrir, então, o caminho sobre o qual o lado ativo e determinante do Pensamento se abre ao seu lado receptivo, passivo e reflexionante, e em que a linguagem tem enfim uma oportunidade de se reconciliar com seu *Fora*.

Embora essas reflexões estejam disseminadas um pouco em toda parte nos textos de Lyotard, tentamos reagrupá-las em três teses principais sobre o juízo estético.

Três teses sobre o juízo estético

A primeira tese lyotardiana é, pois, a que poderíamos chamar "tese da profundidade, ou da antecedência, do juízo estético". Foi em um livro dedicado a três artistas contemporâneos, Adami, Arakawa e Buren, que Lyotard parece tê-la expressado de um modo ao mesmo tempo imagético e fiel ao espírito da terceira *Crítica*:

> Em vez de fazer sistema, a análise do gosto leva a crítica a ultrapassar a desarticulação do "Eu penso" em

> faculdades [...] até exumar um estado de pensamento no plural, talvez ainda uma "faculdade", mas que é a infância de todas as outras, e que permanece sua credora, e um mundo de antes do conhecimento e da vontade que não chega a ser um mundo, é antes um "campo", *ein Feld*. (QP, 62)

Essa tese sobre a antecedência do juízo estético está relacionada a uma segunda que poderíamos chamar "tese da forma livre e flutuante", e faz pensar nas análises sobre a "síntese passiva" e a "gênese sensível do sentido", elaboradas por Husserl, Merleau-Ponty e Deleuze:

> Antes que o tempo sucessivo prepare ao número, enquanto esquema, ele é ritmo musical como forma livre. Antes que o quadrângulo prepare o espaço à geometria, ele é desenho flutuante, monograma. Antes que o juízo determine o objeto segundo sua lei, ele é reflexionante, o caso (essa forma aqui) se apodera dele. [...] Antes que o pensamento determine objetos, ele é captado pelas formas livres a que primeiramente não objetiva. Uma suscetibilidade às formas é constitutiva de um sensível que não faz mundo, mas sentimento. [...]
>
> Há, portanto, aqui sentido na doação, na *Darstellung* [apresentação] imaginativa. Esse sentido é sentimento. Ele faz questão da forma. A doação se faz em forma. A forma não é outra senão o campo, a carne, a maneira da doação, uma apresentação apresentante, despercebida, sentida. (QP, 63)

Como o leitor deve ter observado, essa "tese sobre a forma flutuante" não deixa de evocar as análises que *Discours, figure* consagrava à emergência de uma afetividade inconsciente em Masaccio e ao acontecimento figural na linguagem pictural. Ela é aprofundada também pelas análises que Lyotard consagrou ao papel que o "pré-conceitual" e o afetivo desempenham na primeira *Crítica*, às três sínteses da apreensão, da reprodução e da recognição (LAS, 36; PE, 67-71), à função "heurística e tautegórica" do sentimento (LAS, 24, 41)[13], aos "títulos reflexivos" que preparam o trabalho do esquema e do conceito (LAS, 43, 56). Ela se enriquece, enfim, com as referências recorrentes de Lyotard à psicanálise, ao trabalho de anamnese do inconsciente, à técnica da "atenção flutuante", à "perlaboração" (HJ, 28).[14]

O que se revela por meio dessas reflexões complexas que só podemos rememorar aqui rapidamente é que, para Lyotard, a estética é o lugar em que o pensamento tem mais opotunidades de entrar em contato com esse *Outro* que o mantém refém numa condição de infância perpétua, de entrar em comunicação com esse *Fora* do qual nunca poderá "se emancipar" completamente. Afirmando-se instância central da reflexão estética, o juízo reflexionante se revela como uma espécie de "mensageiro transacional", estabelecendo relações entre o "além" infernal do corpo sexuado, do afeto e do sentimento, e o

---

13. No que concerne à função heurística e tautegórica (função *reflexiva* "que informa a mente sobre seu *estado* afetivo") do sentimento e do juízo, ver o capítulo 3, p. 99.

14. "Perlaboração (*Durcharbeitung* ou *Durcharbeiten*). Processo pelo qual a análise integra uma interpretação e supera as resistências que esta suscita. Tratar-se-ia de uma espécie de trabalho psíquico que permite ao sujeito aceitar certos elementos recalcados e libertar-se da autoridade dos mecanismos repetitivos. A perlaboração é constante no tratamento, mas opera mais particularmente em certas fases em que o tratamento parece estagnar-se e em que uma resistência, apesar de interpretada, persiste." J. Laplanche e J. B. Pontalis, *Vocabulaire de la psychanalyse*, Paris, PUF, 1967, p. 163-64 [Ed. bras.: *Vocabulário da psicanálise*, Trad. Pedro Tamer, São Paulo, Martins Fontes, 2001]. Embora a noção de perlaboração corresponda a uma significação precisa em Freud com o artigo "Rememoração, repetição, perlaboração" (1914), a interpretação que Lyotard dá dessa noção antes parece fazer referência às últimas obras de Freud (1937) e ao caráter "interminável", "não-finalizado", "livre" e "construído" da escuta analítica que ela atualiza.

"aquém" linguageiro e racional, como essa instância de passagem que *Discours, figure* – obra dilacerada entre um desejo frustrado de identificação ao sensível artístico e uma necessidade quase cientificista de racionalização teórica – julgava encontrar na metapsicologia freudiana, sem no entanto poder satisfazer-se com ela.

A terceira tese sobre o juízo estético concerne à questão da "comunidade de gosto". Como voltaremos a isso mais adiante, contentemo-nos aqui em introduzi-la por duas propriedades que, segundo Lyotard, caracterizam a partilha intersubjetiva desse juízo: a *imediatez*, ou seja, a ausência de regras e de critérios preestabelecidos que lhe seriam exteriores e transcendentes, e sua *temporalidade infinita*, até mesmo sua remissão constante ao futuro.

> É preciso imaginar uma comparação sem comparação, uma passagem de minha apreciação à sua que se faria sem médium, sem *tertium comparationis* "possível" porque imediato. Ora, o campo do visível fornece o modelo desse comércio mudo, uma vez que ele consiste apenas em vaivéns implícitos entre isso e aquilo, aqui e lá, agora e então, mim e ti. Como no visível, a troca silenciosa requerida pelo belo não cessa, porque ele não pode concluir. Ele é somente promessa de unanimidade. (QP, 65).

A analogia que anima o juízo estético é, portanto, uma comparação sem termo de comparação, uma *mímesis não-representativa* que não imita nenhum *modelo* pré-constituído ou *idéia eterna* e que aspira a instituir-se em si mesmo como regra e critério do belo, sem no entanto alcançar jamais seu "fim". Mas, seria preciso então se indagar, se não existem critérios preestabelecidos que nos permitam julgar o valor desse juízo e nos autorizem a "concluir", o que permite afirmar que essa analogia teve êxito e que a experiência estética, da qual pretende ser a expressão, não é uma ilusão? Provavelmente nada, parece nos sugerir Lyotard, nada que nos permitiria sair da lógica imanente a esse exercício de juízo, nada que poderia nos subtrair ao "círculo" de remissões e de comparações engendrado por toda analogia, e que nos leva a recair ao final em nosso ponto de partida: o *sentimento* – sentimento de que alguma coisa chegou por meio disso a se frasear, *sentimento* que relança sem cessar a atividade de juízo e o desejo de seu compartilhamento... *como se* uma promessa de universalidade se anunciasse ali... *como se* um signo da *Idéia infinita* encontrasse enfim sua expressão.

Em outras palavras, o juízo por analogia *é* esse instrumento de passagem que religa o sentimento e o conceito, o "dentro" e o "fora", o instrumento de uma comunicação que precederia e constituiria toda regra: ele é esse lugar de passagem em que o *passado* "sedimentado" numa tradição de regras, critérios e convenções se abre para o *futuro* da Idéia; ele é o lugar de um intercâmbio entre as determinações *finitas* que constituem a linguagem – regime de frases e gêneros de discurso – e o Ser *infinito* e incomensurável que se exprime como sensação e sentimento. O juízo reflexionante é, enfim, o cerne da "finitude crítica", pois é o único meio de que dispõe o Pensamento para frasear esse acontecimento sem precedente que é nosso *presente*.

O tempo do juízo

Como as análises precedentes sugeriram, para Lyotard o juízo reflexionante não é apenas o instrumento consagrado à reflexão sobre a arte, ele não é apenas um princípio subjetivo que vem se acrescentar às análises objetivas e dar uma feição final ao sistema do saber por uma espécie de "suplemento de alma", por uma opinião ou crença pessoais. Para Lyotard, o juízo é o verdadeiro segredo do pensamento crítico, ele é esse ato difícil e livre que orienta toda presença e que antes "inaugura" do que finaliza a edificação da razão transcendental. O juízo é o ponto de partida da *Crítica,* pois ele é esse "germe de sentido" em que o pensamento se reflete em si mesmo e o sentimento que o afeta se traduz em linguagem. O juízo reflexionante é esse *fundamento infundado,* esse "dom da natureza" em que se enraíza o ato mais originário e autêntico do pensamento, em que se enraíza o próprio Pensamento enquanto exercício da reflexão crítica.

> E, então, ou bem é preciso se admitir uma busca regressiva ao infinito dos critérios dos critérios, que proíbe de fato o juízo, ou é preciso confiar nesse "dom da natureza" que é o juízo, que nos permite dizer: aqui, é o caso. Ora, segundo Kant, seria o caso da filosofia como crítica dizer: é o caso. (E, 19)

Em lugar de se reduzir a uma "leitura" da filosofia kantiana, essa tese sobre o juízo aparece como o próprio cerne do pensamento de Lyotard. De que efetivamente "*isso é o caso*" aqui? *É o caso* de um puro "Há aqui", de um caso singular e sem regra, de uma apresentação que precede toda representação, de um aqui e *agora,* imprevisível e contingente; é o caso de uma frase em instância que desconhece regra e gênero; é o caso de um acontecimento que, suspendendo por um momento qualquer síntese já feita, convoca a filosofia para sua tarefa mais essencial: a escuta dos diferendos que agitam sua época; é o caso de um filósofo que, nessa época, a partir de *Auschwitz,* nos chamou a atenção para a necessidade de julgar "caso a caso" nosso *presente,* sem submeter nosso juízo *nem às finalidades que algum tipo de Idéia imponha ao futuro, nem tampouco às regras e aos critérios sedimentados no passado de uma tradição.* É o caso de um novo desafio do pensamento lançado contra uma época que, ainda enfeitiçada pelos seus sonhos cientificistas – freudo-marxistas, estruturalistas ou lógico-analíticos – e suas epopéias ontológicas – "negativas" como a de Heidegger, ou "afirmativas", como a de Deleuze –, pensa poder sair do tempo para fazer dele "totalidade", dispensando-se assim de julgá-lo. Foi Jacques Derrida quem soube representar do modo mais brilhante esse "caso de pensamento" que foi Lyotard:

> Ora, a singularidade hoje em dia mais manifesta de Jean-François Lyotard, o paradoxo de sua assinatura, é ter habitado essa época por toda parte e tê-la, no entanto, desertado; e, de um lugar que foi só seu, ter lançado contra a época, eu não diria apenas uma acusação formidável, mas um desafio categórico que soa também para mim como seu próprio riso. Ele nos diz: vocês não resolveram nada, nós não resolvemos nada quanto ao juízo.[15]

Resumamos. Enquanto Faculdade de passagem que tece analogias entre gêneros de discursos de outro modo separados, enquanto Faculdade imaginativa que se situa a meio caminho entre a "suscetibilidade" às matérias-formas e sua "confecção" ativa, enquanto Faculdade de "comunicação" que proporciona uma mediação entre a pluralidade das opiniões e seu partilhamento intersubjetivo, o juízo reflexionante parece representar o instrumento de uma razão aberta e crítica, radicalmente antidogmática e pós-metafísica, cuja exigência Lyotard exprimiu a partir de sua adesão à "virada linguageira",

---

15. Jacques Derrida, "Préjugés", in *La faculté de juger*, Paris, Minuit, 1985, p. 96-7.

a partir de questões éticas, políticas e cognitivas indispensáveis que *Au juste* e *A condição pós-moderna* levantaram.[16] A denúncia do relativismo e do convencionalismo sofista das obras "pagãs"; a necessidade de definir passagens e analogias na pluralidade de gêneros de discursos devolvendo espaço a uma Faculdade imaginativa e heurística que atravessa em profundidade a filosofia, a ciência, a política e a arte; a exigência de renovar o pensamento da justiça à luz da Idéia kantiana, todos esses temas e questões parecem, pois, confluir nessa doutrina do juízo reflexionante que Lyotard redescobre pacientemente em Kant.

No entanto, embora reconhecendo plenamente o que a problemática contemporânea do juízo deve a Lyotard, nosso sentimento pessoal é que, depois de ter lançado esse desafio, nosso autor não se ateve a ele. O tema do juízo, que parecia constituir a questão maior da filosofia de Lyotard, foi, no nosso entender, deixado de lado em favor de uma "ontologia negativa", *sublimando* aquilo que o juízo era convocado a superar: *o nada, o vazio, a fratura aberta a cada ocorrência de frases, em que a todo o momento ameaça recair nossa época, época da atomização, da deslegitimação e do niilismo*. Tentemos articular em frases esse sentimento de "defecção" por meio de alguns argumentos filosóficos.

---

16. "Vejo nisso [no discurso de Lyotard] o esforço de uma racionalidade que acolhe, e que apreende de modo lógico o inexorável da guerra das frases, o déficit e a não-totalidade que ela induz. Parece-me que, a partir de seu trabalho, é possível desviar a 'filosofia francesa' de sua tentação nietzschio-heideggeriana ou antilogicista. Isto tudo mantendo o projeto de compreender o homem a partir da miséria e da despossessão, a partir da relação com o inumano (seja ele um novo nome para a natureza humana): como negar que este é na realidade o terreno em que nasce e cresce a autoconstrução da humanidade pensante lógica?" J.-M. Salanskis, "Le gardien du différend", op. cit., p. 120.

Os signos da Idéia

A primeira observação crítica diz respeito à distinção entre juízo determinante e juízo reflexionante. Uma vez demonstrado, como o fez Lyotard, que o juízo é o ato fundamental do Pensamento, pode-se efetivamente experimentar um certo embaraço diante do problema do sentido a ser atribuído ainda a essa distinção. Se o juízo é o ato de pensamento que funda e "inaugura" a *crítica*, como é possível que ele seja "primeiro" e fundador e, ao mesmo tempo, "segundo" e reflexionante?

Em Kant, como Lyotard bem observou, a resposta é dada pela doutrina da Idéia.[17] Com referência à realidade objetiva dos fenômenos, o juízo reflexionante é um ato subjetivo que "sobrevém após"; mas ele é "fundador" em um sentido mais profundo, pois permite estabelecer uma analogia com as Idéias supra-sensíveis que se anunciam, assim, como o fundamento último, mesmo se ele for apenas simbólico, da experiência. Se o juízo reflexionante é, portanto, "constitutivo" com referência ao edifício transcendental da *Crítica*, é que a *Idéia* da *Crítica* estava de algum modo "presente" desde o começo no filósofo. Foram os *signos* que anunciavam a Idéia de modo "simbólico", "sentimental" e "obscuro" que forneceram um fio condutor ao trabalho reflexionante do juízo (a seu poder domiciliante e pré-conceitual, a suas expedições no mar da linguagem, às passagens que definiu entre os gêneros do discurso), ressaltando-se, no entanto, que tais

---

17. "Por quê? Simplesmente porque o [substrato sensível, a Idéia] garante, antes de todo esquema, toda regra, toda norma, que a síntese do diverso, mesmo a mais heterogênea, é sempre possível. Inclusive a síntese do diverso das faculdades mesmas, imaginação, entendimento, razão teórica, querer, sentimento. É sua ação [...] ao mesmo tempo tranqüilizadora e emancipadora, generosa, que é experimentada imediatamente no paradoxo estético de um sentimento singular que pretende valer universalmente." (LAS, 260-61)

signos só existem devido a essa Faculdade de julgar que, apenas ela, pode descobri-los.[18]

Mas se em Kant é a doutrina analógica da Idéia que fornece uma solução para esse problema de relação entre determinante e reflexionante, qual solução oferecer para esse problema no horizonte de uma filosofia tão "secularizada" como esta de Lyotard? Se nenhuma harmonia final e supra-sensível nos acena em nossa experiência de homens a partir de Auschwitz, qual fio condutor poderá então inspirar nosso juízo reflexionante? Aqui está a resposta de Lyotard:

> [...] Se nenhum fio condutor [religando os signos de uma finalidade ideal] conduz as expedições do juízo, como este se encontra no labirinto das passagens? Os *analoga* seriam puras ficções, forjadas para quais necessidades? Isso mesmo é impossível: são as passagens que circunscrevem os domínios de legitimidade e não estes que preexistiriam às passagens e as tolerariam. O que mais fazemos aqui a não ser navegar entre as ilhas para poder declarar paradoxalmente que seus regimes ou seus gêneros são incomensuráveis? (DI, 196)

---

18. "Acrescento que se a reflexão pode se aventurar a buscar compreender alguma coisa que não compreende (heurística) guiando-se apenas pela sensação subjetiva (tautegórica) [...] ela deve isso à garantia de uníssono que o supra-sensível lhe confere. Sem esquecer que essa garantia mesma é o pensamento reflexionante que revela o princípio sob o nome de substrato supra-sensível. Dizendo que 'a condição subjetiva de todos os juízos é o poder de julgar a si mesmo, ou faculdade de julgar [de modo reflexionante]'" (LAS, 261-62). Em outras palavras, a analogia instaurada entre juízo e Idéia é uma "relação circular" que faz do juízo reflexionante o ponto de partida e de chegada da reflexão crítica. Esse círculo reflexionante, que constitui o segredo mais íntimo da *Crítica*, representa, portanto, o primeiro exemplo do que se chama hoje "círculo hermenêutico".

"Equivocidade" ou "univocidade"?

De fato, muitas dificuldades se enredam nessa resposta que o próprio Lyotard não pode deixar de julgar "paradoxal". Se as "passagens" (reflexionantes) circunscrevem e constituem os domínios de legitimidade dos regimes e dos gêneros institucionalizados (determinantes), isso só pode ser compreendido de duas maneiras. *Ou bem esses juízos reflexionantes são o instrumento exclusivo da filosofia* – solução que levaria Lyotard a renegar sua concepção radicalmente crítica e pluralista da filosofia, transformando esse não-gênero de discurso em um "gênero absoluto", num metadiscurso que dominaria os juízos dos outros gêneros de discursos. *Ou então o juízo reflexionante é o que caracteriza o Pensamento em todas as suas formas: científicas, artísticas, políticas e filosóficas* – solução que corresponderia a afirmar que esse Pensamento-linguagem, que parecia expressar o Ser inominável de um modo essencialmente *equívoco* e *conflitual*, revela-se na verdade como *o mesmo,* desde que nos comprometamos a ultrapassar, com a "profundidade" filosófica necessária, esses *abismos* que pareciam pluralizá-lo e fragmentá-lo.

O leitor adivinhará certamente por que essa última solução, que no nosso entender é bastante interessante, é para Lyotard ainda mais improvável que a outra. Por um lado, essa solução se revela inseparável de uma concepção *unívoca do Pensamento-linguagem*, como inseparável da tese segundo a qual os juízos da arte ou da política não são nem mais nem menos *verdadeiros* que os da filosofia. Em seguida, veremos efetivamente que Lyotard, embora pareça às vezes simpatizar com essa solução "unívoca", na realidade sempre deu preferência à "equívoca", tendendo a considerar como "verdadeiros", mesmo numa acepção profundamente negativa, apenas os juízos "determinantes" da ciência.[19]

Por outro lado, essa solução poderia de fato fornecer boas razões para a crítica lyotardiana das teorias consensualistas da verdade como a de Habermas, sob a condição, no entanto, de fazer do juízo um ato autônomo (que precede *de direito* qualquer regra exterior e qualquer consenso intersubjetivo que pretendessem fundá-lo *de fato*) em que o Pensamento reflete a si mesmo *como se* estivesse *em acordo* e *em harmonia* – e não *em conflito* – com *um Outro*. Essa concepção da verdade, que faz do acordo do pensamento consigo mesmo o fundamento último, embora "analógico", do acordo do pensamento com as coisas (doutrina "correspondentista" da verdade) e do acordo com os "Outros" (doutrina consensualista), Kant a resume na última das "três máximas do senso comum":

> Pensar por si mesmo, pensar colocando-se no lugar de qualquer outro ser humano, pensar sempre de acordo consigo mesmo. (*Crítica da faculdade do juízo*, §40)

É essa "máxima reguladora", que para Kant é o fruto mais maduro da razão crítica e, portanto, a mais difícil de respeitar, que o *filósofo* Lyotard contribuiu (involuntariamente?) para redescobrir.[20] Mas ela é

---

19. A partir de uma concepção "unívoca" do pensamento-linguagem, tentamos esboçar os contornos de uma doutrina do juízo em que a distinção entre determinante e reflexionante não aparece mais como uma "distinção de natureza", mas como uma "distinção de grau" que deve ser compreendida em função do tempo: "determinante" é, então, o juízo que se consolidou ao longo da história e que não faz mais "acontecimento". Cf. nosso *Le Problème de la vérité scientifique dans la philosophie française contemporaine: la rupture et l'événement*, Paris, L'Harmattan, 1998.

20. "Para essa razão, que só conta consigo mesma, é que remete a terceira 'máxima do senso comum', uma razão reflexiva, heurística; ela é que

provavelmente também aquela que o "Outro", o *sofista*, de quem Lyotard nunca se separou completamente, mais detestava.

"Identidade" ou "diferença"?

A segunda observação aprofunda a anterior. Em Kant, como Lyotard observou com propriedade, o juízo reflexionante não poderia traçar suas passagens se não fosse inspirado pela unidade e sistematicidade que as Idéias supra-sensíveis (de alma, de mundo, de Deus) "projetam por analogia" na experiência. Ora, como é possível um autor, que fez uma das críticas mais radicais a qualquer Idéia de unidade e totalidade, beneficiar-se de um instrumento de pensamento que goza de tal conivência com a Idéia? Como pode aquele que denunciou toda instância totalizando a heterogeneidade da linguagem "invocar", ainda que de forma analógica, o socorro dessa metarregra que nos é fornecida pela razão?

Para sair desse impasse, Lyotard, em *Au juste*, propunha uma solução claramente inspirada nas chamadas "filosofias da Diferença". Essa solução consiste em reverter a Idéia finalista kantiana, com sua função "reguladora" de unificação e de totalização, em seu oposto, a Idéia de Diferença, com sua função "reguladora" de divergência, de incomensurabilidade, etc. Mas uma inversão desse gênero teria verdadeiramente um sentido no interior do pensamento de Lyotard? A Idéia de Diferença não conserva a mesma função especulativa de metarregra que a de Identidade? A partir de uma interpretação elaborada

faz, do 'racionalismo' das *Críticas*, um racionalismo crítico. Mas, sobretudo, o que poderia querer dizer 'pensar de acordo consigo mesmo' se não for pôr-se à escuta da capacidade reflexionante livre no intuito de guiar o pensamento e as sínteses que ele arrisca de acordo com o sentimento que tem de si mesmo ao fazer isso?" (LAS, 60-61) da Idéia nietzschiana de eterno retorno e da substância espinosista, Deleuze, por exemplo, operou uma inversão análoga, substituindo a ontologia do Uno por uma ontologia da Diferença; no entanto, uma operação desse gênero não contradiz o princípio radicalmente crítico de Lyotard, segundo o qual nenhum discurso pode situar o destinador desconhecido, o *Ser inominável*, sob as instâncias "sentido" ou "referente" de uma frase ôntico-especulativa? E na Idéia de um "eterno retorno da diferença" quem, além de Lyotard, duvidaria poder encontrar um fio condutor qualquer para nosso juízo de homens que, "após Auschwitz", temem mais do que tudo seu "retorno"?

Como muitos comentadores observaram, essa inversão parece inspirar as passagens em que Lyotard tenta marcar uma "diferença incomensurável" entre sua doutrina do diferendo e a do consenso de Habermas ou a do juízo de Arendt.[21] Na realidade, nessas passagens, são principalmente as fraquezas que aparecem acentuadas, pois, de modo ainda mais claro que em Deleuze, Foucault, Derrida ou ainda Heidegger, essa inversão se mostra irreconciliável com as tarefas que o pensamento de Lyotard se atribuiu ao se reconhecer essencialmente como *pensamento-linguagem*: *a necessidade de frasear* se transforma, então, na *impossibilidade a priori* de encontrar um idioma qualquer capaz de exprimir o diferendo, e *a Faculdade de julgar sacrifica* a si própria por uma Idéia que nem é mais a de Diferença, mas apenas a de Inapresentável (LAS, 226).[22]

---

21. Cf. as objeções que Jean-Luc Nancy ("Dies Irae", in *La faculté de juger*, op. cit., p. 13) e Jean Petitot (na obra coletiva *Témoigner du différend...*, Paris, Osiris, 1989, p. 107-8) dirigiram a Lyotard a respeito dessa "inversão".

22. Por um lado, Lyotard afirma que o diferendo deve chegar a ser dito em um novo idioma: "É preciso buscar as novas regras de formação e de

Em outras palavras, o pensamento de Lyotard, envolvido nesses impasses de uma distinção ainda dogmática entre determinante e reflexionante, incapaz de manter até o final a crença naquilo que, entretanto, reconhecera com vigor – ou seja, o Ser incomensurável e o Pensamento infinito (a Idéia) só chegam a um "acordo" na finitude do juízo –, parece então apenas "se regojizar" com seu fracasso. O que, aliás, reconduz Lyotard a esse "ponto de partida" que foi *Discours, figure*. Mas tentemos agora analisar as conseqüências desses impasses um pouco "teóricos" a partir de uma oposição "mais concreta" entre a arte e a ciência.

A arte contra a ciência

A "terceira tese de Lyotard sobre a estética" diz respeito ao problema da comunidade de gosto, e seu objetivo é mostrar o caráter intersubjetivamente transmissível do juízo reflexionante, o caráter socialmente comunicável do sentimento de beleza. Esse problema, que é sem dúvida um dos mais discutidos pelos intérpretes

---

encadeamento das frases capazes de exprimir o diferendo que o sentimento trai, se não quisermos que esse diferendo seja logo sufocado em um litígio, e que o alerta dado pelo sentimento tenha sido inútil" (DI, 29-30). A possibilidade de encontrar o bom juízo, o bom encadeamento, parece então ser do campo de uma "arte linguageira" muito refinada e criativa. Mas, por outro lado, parece que o "bom encadeamento" só é possível como *silêncio* respeitando o erro da vítima, e o juízo reflexionante só pode se oferecer uma "regra negativa" mostrando o que uma frase em instância *não é*. O idioma buscado por Lyotard se reduz então a um "signo sublime" do limite inexprimível do diferendo, a uma pura *indicação* da Idéia do negativo. O que explica a tarefa "impossível" atribuída à frase filosófica, mas também à frase política: "É, em contrapartida, responsabilidade diante do pensamento detectar os diferendos e encontrar o idioma (impossível) para fraseá-los" (DI, 206). O problema foi levantado também por Manfred Frank e Jacob Rogozinski, que a partir daí chegam, no entanto, a conclusões opostas entre si e diferentes da nossa. Ver *Réecrire la modernité*, op. cit.

contemporâneos da terceira *Crítica*, revela aos olhos de Lyotard um perigo temível: o de uma redução antropológico-sociológica do senso comum estético (LAS, 32). O alvo das críticas de Lyotard é, no caso, a doutrina do juízo de Hannah Arendt, mas nos parece que essa crítica retoma em substância a que ele já dirigira aos defensores da teoria do consenso comunicacional, Habermas e Apel, e à teoria da significação como uso, de Wittgenstein. Refutando as pretensões de validade do juízo reflexionante sobre a existência factual de um senso comum estético, de uma comunidade de gosto compartilhando um conjunto de esquemas e de regras "quase-transcendentais", segundo Lyotard, torna-se o juízo reflexionante indiscernível do juízo determinante, e, sobretudo, priva-se o juízo de seu caráter de ato transcendental originário, fundando um novo sentimento estético. A fim de evitar esse perigo, Lyotard enfatiza, por um lado, o caráter *por vir* da comunidade estética e, por outro, o caráter incompleto dessa partilha, caráter assinalado por um resíduo de solidão que não é eliminado por um "estado privado" do sentimento inseparável do juízo estético dos parceiros:

> Há aqui uma comunidade científica *de jure*, porque a prova de um juízo de conhecimento deve ter sido administrada para que ele seja reconhecido como verdadeiro. A argumentação deve ter ocorrido: o nós da ciência é esse lugar, o conceito. Mas o nós que sente o belo não pode e não deve se instituir pela convenção, se instituir simplesmente. Cada juízo estético singular ao mesmo tempo exige imediatamente e não pode senão "prometer" (palavra de Kant) a partilha do sentimento.

Enigma da felicidade das formas: partilhável em princípio, jamais partilhado. Entre os parceiros do belo, a tensão é imediata, o que faz deles ao mesmo tempo amigos e solitários. *De jure*, a promessa apenas de sua comunidade. (QP, 64)

Mesmo se a crítica de Lyotard diante desse perigo de redução empírica não é arbitrária, acreditamos, no entanto, que o modo pelo qual Lyotard propõe a questão da comunidade de gosto esconde também um temível perigo. Esse perigo está representado, para dizê-lo sem meias palavras, por uma oposição muito difícil entre o juízo "determinante" científico e o "reflexionante" estético, por uma concepção por demais idealizada da arte e uma concepção ao mesmo tempo cientificista e redutora da verdade científica.

Um exame sumário do modo pelo qual, há dois séculos, a arte moderna "faz" comunidade, mostra-nos que o juízo estético não se encontra menos "institucionalizado" que o juízo científico. As comunidades altamente especializadas que julgam a beleza de uma composição de Mahler ou o valor de um quadro de Van Gogh possuem regras de juízo e critérios de prova que, *doravante*, não são menos determinantes que os da ciência. Por que Lyotard afirma então que a comunidade de gosto não *deve* se "instituir"? Por que na beleza não haveria, *de direito*, senão uma promessa de comunidade? A única resposta para essa questão parece-nos a seguinte: a beleza a que Lyotard se refere aqui é uma beleza em especial, essa beleza em *estado nascente*, beleza *sem precedentes*, para a qual não existem regras instituídas no "senso comum estético" de uma época. Mas, seria preciso se perguntar, isso vale também para a verdade-acontecimento da ciência?

Uma das teses centrais de *Rudiments païens* e de *A condição pós-moderna* era a da existência de uma ciência "pensante" e criativa, de uma "ciência extraordinária" que faz amplo uso de uma faculdade imaginativa, inventiva e transdisciplinar, muito próxima do que Lyotard está chamando aqui "juízo reflexionante". Nesses textos, e ainda em certa medida em *Le différend*, os procedimentos científicos de argumentação aparecem também como procedimentos abertos a provas e discussões *por vir*; e essa abertura sobre o porvir estava também garantida pela metodologia falsificadora que Lyotard identificava em ato em toda parte na ciência. De que modo Lyotard pode então afirmar que "a prova do juízo de conhecimento deve ter sido administrada para que ele seja reconhecido como verdadeiro", para que a comunidade científica seja reconhecida *de direito* como existente? De que prova se trata no caso? Algumas linhas mais adiante, Lyotard faz referência a "convenções", e compreendemos com isso "critérios argumentativos e experimentais do tipo daqueles que Popper descreveu em sua metodologia da ciência", e que Lyotard retomou com algumas modificações em *Le différend*. Mas, é preciso se perguntar, a verdade do juízo científico pode verdadeiramente ser reduzida ao conjunto de convenções metodológicas e de critérios intersubjetivos de prova e falsificação que permitam à comunidade científica estabelecer um consenso em torno desse juízo? O juízo científico não levanta, do mesmo modo que o juízo estético, uma questão relativa à gênese de seu ato e ao acontecimento de sua verdade? Um interessante artigo de Lyotard nos fornecerá indicações úteis para compreender melhor essas questões.

A "crise dos fundamentos"

Em um artigo publicado numa revista alemã com o título de *Grundlagenkrise* [A crise dos fundamentos] (1986), Lyotard afirma que as crises que abalam desde o começo do século XX os fundamentos da ciência levantam questões *análogas* às que animam a arte moderna, questões que dizem respeito às modalidades em que o espaço, o tempo e a sensação *se dão* ao Pensamento, e em que a linguagem se relaciona ali ao seu *Outro* não-discursivo. Reunindo muitos temas centrais do pensamento de nosso autor, esse artigo mereceria um longo desenvolvimento crítico; mas o que nos interessa aqui é a tese crítica que o atravessa, tese visando ao modo pelo qual as lógicas da ciência (Popper) e as pragmáticas da argumentação (Apel e Habermas) tentaram ultrapassar essas crises de racionalidade substituindo a questão das *condições de verdade* pela questão dos critérios que permitem estabelecer um *consenso* em torno dessa verdade (GK, 9). Segundo Lyotard, essa substituição é insuficiente por duas razões principais. Por um lado, é insuficiente do ponto de vista metodológico, pois, como *A condição pós-moderna* e *Le différend* o sugeriram, a ciência, por mais tecnicizada que esteja, só pode progredir e inventar fazendo referência a um "resíduo" de dado sensível, a um "acontece" extra-argumentativo. Por outro lado, ela é filosoficamente perigosa, pois, reduzindo o Outro do pensamento a esse outro (sujeito humano) que é o parceiro argumentativo, ela só faz tornar essas crises insensíveis à reflexão e, portanto, inevitáveis como um destino.

Apenas um pensamento que não reduza a "verdade" a suas condições puramente intersubjetivas, parece nos dizer Lyotard, pode nos permitir evitar esse destino "surdo e cego" que espreita nossa época. Para Lyotard, com certeza, as crises dos fundamentos não expressam nada além de um estado de insensibilidade crônica diante do dado sensível, um estado de anestesia generalizada provocado por uma sobrecarga do *momento construtivo* do conhecer e do agir, por uma superavaliação do tratamento axiomático e pela manipulação técnica da matéria sensível, pela "síntese digital", sucedâneo [*ersatz*] de sensação. As crises de insensibilidade às quais as vanguardas artísticas tentam nos tornar sensíveis não são mais, portanto, do que o reverso da medalha das crises vividas pelas geometrias não-euclidianas e pelas mecânicas não-newtonianas. A única maneira de mensurar essas crises, diz Lyotard, é entregar-se a uma reflexão verdadeiramente crítica que se mantenha sobre a linha de divisão que separa em Kant a *Estética transcendental*, onde se enraíza o trabalho do conceito e da ciência, e a *estética* enquanto doutrina do gosto e reflexão sobre o "gênio" da arte (GK, 14).

Chegando a esse ponto, esperaríamos que Lyotard afirmasse que o juízo reflexionante é a instância que permite ultrapassar a divisão entre esses dois domínios do estético e que, dando um substantivo comum ao que acontece de criativo e inventivo, na arte como na ciência, permite reconciliar o pensamento com seu Outro, a linguagem com seu Fora. De fato, embora a argumentação de Lyotard dê, às vezes, a impressão de chegar a essa conclusão, ela acaba por adquirir uma feição bem diferente. Depois de ter posto em evidência o que existe de fundamental, isto é, de "profundo" e "fluido" na estética – e que ele chama aqui *plasma* sensível ou "síntese passiva" (GK, 17) –, não apenas Lyotard continua a ordenar o juízo reflexionante do lado da arte, só deixando à ciência o juízo determinante, como também julga o caminho "estético" ainda muito otimista e metafísico, a situação de crise generalizada própria à época contemporânea só podendo daqui para frente ser refletida no plano de um pensamento do sublime e de uma ontologia negativa do inapresentável (GK, 25).

No próximo capítulo tentaremos esclarecer melhor as modalidades dessa guinada na direção do sublime. Por ora, instalemo-nos no domínio em que essa "anulação" do juízo nos parece produzir suas mais sérias conseqüências, o domínio político.²³

O juízo como exercício de desolação

Em um artigo resumindo sua intervenção em um colóquio parisiense dedicado a Hannah Arendt, "Survivant" [Sobrevivente] (1989), Lyotard esclarece as diferenças que separam sua "Faculdade de julgar" daquela, que poderia parecer-lhe próxima, de Arendt, e que Lyotard define efetivamente como um "poder de julgar concretamente, radicalmente, sem teoria nem critério, e que é partilhado por todo espírito" (LE, 86). A primeira diferença – diferença "teórica" já observada – decorre da leitura antropológico-sociológica, baseada no bom senso e no senso comum, que Arendt fez da terceira *Crítica*, ao passo que a segunda diferença decorre das conseqüências "práticas" que Arendt parece tirar dessa leitura, dos exemplos que ela gostaria de nos dar de uma "Faculdade de julgar" em ato concreta e livremente na sociedade contemporânea, "na proliferação das iniciativas e das instituições civis, especialmente nos Estados Unidos". Lyotard

---

23. Tentemos identificar alguns "sinais" de que a "via estética" não é tão estéril quanto Lyotard acreditava, e isso no domínio em que sua eficácia pareceria mais improvável, o da ciência. Jean-Michel Salanskis, epistemólogo que se "concebe entre outras coisas como aluno" de Lyotard, traçou os contornos de uma nova hermenêutica das ciências e da cultura a partir de uma redefinição do papel e do valor estético kantiano. Cf. J-M. Salanskis, *L'herméneutique formelle*, Paris, Ed. do CNRS, 1991. Em "Systématisation et dépossession en mode continental et analytique", *Revue de Métaphysique et de Morale*, 1995, nº 3, Salanskis desenvolve, ademais, a idéia segundo a qual a singularidade da "filosofia continental" consistiria em compreender a "crise dos fundamentos" não no sentido puramente lógico-formal dos filósofos analíticos, mas de preferência a partir das questões "estéticas" de doação espaciotemporal, isto é, nos termos da *Grundlagenkrise*, a partir da relação do Pensamento com um "acontece" extra-argumentativo, com um Outro pré-lógico e pré-discursivo.

expressa na realidade seu ceticismo diante da possibilidade de contrapor a qualquer forma, manifesta ou latente, de totalitarismo, uma política "localizada" no espaço e no tempo, visando à "autogestão do estar-junto por si mesmo". Esse tipo de "micropolítica emancipadora" compartilha com a ideologia que domina nossa época – a política gestionária do desenvolvimento a qualquer preço – o *slogan* "permissivista" do "tudo é possível", até mesmo um falso ideal de autonomia e de auto-afirmação que a torna funcional "para a instalação do sistema atual, entendo democrático". Arendt é, em suma, vítima da mesma ilusão de Lyotard na época de *Socialisme ou Barbarie*, e que era acreditar poder "transferir para a possibilidade das iniciativas espontâneas e locais [...] a esperança antes projetada no conselhismo imediato graças ao qual se organizavam as lutas dos oprimidos [o movimento espartaquista, a revolução húngara de 1956]". A "Faculdade de julgar" de Arendt, conclui Lyotard, não representa, portanto, uma alternativa verdadeira à nova ideologia totalitária que espreita nossa época a partir de Auschwitz. Se a faculdade de julgar permanece, diz-nos agora Lyotard, não é na forma, útil ao sistema, do exercício da cidadania, mas na *loneliness*, na *desolação*:

> Em uma realidade voltada principalmente para a sobrevivência das complexidades no mundo físico, a outra sobrevivência, a passibilidade ao não ser, seja qual for o nome que lhe dermos, é uma dívida que persiste, em que a alegria pascaliana e a melancolia kafkiana se refugiam, mas solitárias, no deserto repleto da desolação. A partir dessa vistoria da alma é que a questão da comunidade, do estar-junto, pode e deve ser formulada agora. (LE, 87)

O espanto que, diante de tal profissão de *melancolia ontológica*, se apodera do leitor, ele que – assim como

Habermas – julgava reconhecer em nosso autor o *partidário entusiasta* da condição pós-moderna, parece-nos bastante legítimo, e ligado, além disso, a dois motivos principais. O primeiro motivo se deve à visão "sistêmica" e totalitária da sociedade contemporânea a que Lyotard parece conformar-se aqui. Ressaltaremos que, em sua polêmica com Luhmann, o autor de *A condição pós-moderna* teve dificuldade em falsificar essa visão "tecnocrática e falsamente científica" da sociedade pós-moderna, contrapondo-lhe sua concepção pluralista dos jogos de linguagem, a termodinâmica dos sistemas abertos e a epistemologia não-newtoniana das ciências contemporâneas. Em suas últimas obras, no entanto, Lyotard, de modo surpreendente, reverte inteiramente o valor desses argumentos epistemológicos, a ponto de depreender deles "uma fábula pós-moderna", em que a pluralidade linguageira e a complexidade social surgem somente como sinais de uma tendência cosmológica para a capitalização e a diferenciação de energias, como os signos de uma "pulsão de vida" universal, contrariando o instinto de morte entrópica. Determinando do *fora* toda ação e pensamento humanos, essa tendência ontológica "neguentrópica" demonstra ser intrinsecamente *inumana* e só se pode enfrentar sua inumanidade adotando a atitude melancólica e resignada que Lyotard nos sugere aqui.

O segundo motivo de surpresa diz respeito ao sentido que Lyotard julga poder dar *agora* à questão política. Em lugar de visar apenas ao questionamento de sua fé revolucionária de juventude, a crítica que Lyotard dirige aqui à filosofia do juízo de Arendt põe profundamente em perigo toda a reflexão política que Lyotard desenvolveu desde *Au juste*. Em *A condição pós-moderna*, por exemplo, Lyotard afirmava só poder atribuir hoje um sentido à Idéia de justiça devido à *possibilidade* oferecida aos parceiros sociais de poder *julgar livremente* – isto é, de modo "autônomo", "responsável", "finito", "local", "limitado no espaço e no tempo" (CP, 107) – regras, normas que recaem sobre os jogos de linguagem em que estão *conscientes* de interagir "nas matérias profissionais, afetivas, sexuais, culturais, familiares, internacionais assim como em assuntos políticos". Nas últimas obras, todavia, Lyotard parece recusar radicalmente esse tipo de concepção política, e recusar mesmo a atividade crítica que a sustenta, atividade que considera agora uma "função do *sistema*". Como explicar então essa reviravolta política radical? Quanto a isso, podemos formular duas hipóteses que talvez não sejam verdadeiramente incompatíveis. Na primeira hipótese, a mais subjetiva e "sentimental", Lyotard teria se comprometido em salvar, de modo um pouco melancólico, não a sua fé revolucionária, mas antes o "entusiasmo" que esta lhe proporcionara. A segunda, mais "teórica", sustenta em contrapartida que, uma vez tendo abandonado essa "instância de mediação" chamada juízo reflexionante, o pensamento de Lyotard recai na ilusão, já presente em *Discours, figure*, de acreditar poder sair da linguagem e tocar diretamente o seu *Fora*.

5
Entusiasmo e melancolia

> Eterno. De uma flor colhida à outra ofertada o inexprimível nada.
>
> Giuseppe Ungaretti, *A alegria*

O sublime político: o entusiasmo

Em um estudo publicado em 1986 com o título *L'enthousiasme. La critique kantiennee de l'histoire* [O entusiasmo. A crítica kantiana da história][1], Lyotard dá prosseguimento a suas reflexões políticas reatando-as à linha interrompida pela *Economie libidinale*, obra oriunda do sentimento de decepção que se seguiu a "Maio de 68". O fio condutor "secreto" do ensaio parece mesmo ter sido fornecido ao autor por uma "analogia" entre o sentimento experimentado por Kant, por ocasião da Revolução Francesa, e aquele vivido pelo próprio Lyotard durante o Acontecimento de maio:

> A filosofia do político, isto é, a crítica ou a reflexão "livre" sobre o político, mostra-se ela mesma política,

---

1. Esse ensaio integra e desenvolve o artigo publicado na obra coletiva *Rejouer le politique* (op. cit.) e as "*Notices Kant*" contidas em *Le différend*.

> discriminando as famílias de frases heterogêneas que apresentam o universo político e se situam nas "passagens" ("fio condutor", escreve Kant) que se indicam entre elas (por exemplo, o "entusiasmo" em 1968, como Kant analisa o de 1789?). (E, 13)

Kant nunca escreveu uma verdadeira *Crítica do juízo político*, mas nos deixou "sinais" dispersos dela "*entre as três Crítica*s *e uma dezena de opúsculos*", a serem decifrados, uma vez mais, *por analogia*.[2] Seguindo seu rastro, afirma Lyotard, saímos, a bem dizer, do domínio da ação do juízo teórico-científico e prático-moral, e nos aproximamos de um estilo de encadeamento tipicamente reflexionante que confere um alcance bastante atual às reflexões histórico-políticas de Kant. Consideremos um exemplo. Nos dias de hoje, todos concordam em dizer que o povo é o sujeito histórico-político. Kant, no entanto, já sabia que, nesse domínio, deve-se evitar uma confusão perigosa que levaria a identificar "o povo", enquanto referente de uma frase sociológica que lhe designa um sentido "organicista e mecânico", e "o povo" enquanto "referente inapresentável" de uma frase especulativa que tem um sentido prático-moral. Contudo, em lugar de limitar-se a assinalar o abismo que separa esses dois regimes de frases, e que tornaria tão impossível falar de "progresso" em história quanto sua confusão, Kant identificou um terceiro tipo de frases em que "povo" é o destinatário de uma frase sentimental cuja regra só se pode definir por analogia com outro domínio da razão, com esse *sentimento contraditório*, de

---

2. Lyotard faz, sobretudo, referência ao *Conflito com a faculdade de direito* (1789), à *Idéia para uma filosofia universal do ponto de vista cosmopolítico* (1784) e às *Observações sobre o sentimento do belo e do sublime* (1764).

prazer e de desprazer ao mesmo tempo, que é produzido pelo "sem forma", e que chamamos *sublime*:

> É preciso dizer de seu entusiasmo [dos observadores estrangeiros que tomavam o partido da Revolução Francesa de modo desinteressado e correndo alguns riscos], que é um análogo estético de um fervor republicano puro, como o sublime é um símbolo do bem. (E, 67)

Recordemos brevemente em que sentido o sublime é para Kant um símbolo do bem. Na raiz do juízo "é sublime" há um sentimento de comoção produzido em nós por ocasião de um fenômeno natural (explosão de um vulcão, as cachoeiras do Niágara) de tal força que nossas faculdades cognitivas não conseguem fornecer uma representação dele. Nessa hora, a imaginação se percebe incapaz de levar a bom termo a tarefa cognitiva que o entendimento lhe indicou, pois o dado sensível excede seu poder de "retê-lo" (no presente que passa) e de "reproduzi-lo" (no futuro) com o intuito de enfatizar a síntese temporal necessária à aplicação do conceito. Ao mesmo tempo, contudo, esse sentimento de comoção, que é engendrado pela interrupção da síntese cognitiva e pela consciência dos limites de nossas faculdades, tem também uma função positiva e vivificante, pois o desacordo que se revela aqui entre a imaginação e a sensibilidade desperta em nós o sentimento de uma incomensurabilidade de um tipo "mais elevado", o sentimento do abismo ainda mais vasto que existe entre nossas faculdades de representação e a Faculdade de desejar, o sentimento do caráter infinito das Idéias de nossa razão. De repente, então, a comoção se desvanece para dar lugar a um sentimento de prazer, que, como tal, não tem nada de ético e que antes frisa a loucura, mas onde tudo ocorre *como se* o *diferendo* (entre as faculdades) que é o fundamento do juízo sublime fosse o signo de um acordo superior, como se o caráter "inapresentável" do "fenômeno sublime" nos fornecesse, numa forma negativa e paradoxal, uma apresentação de um além supra-sensível e moral... *como se* o sublime nos preparasse à realização de nosso destino histórico, à realização da sociedade civil perfeita, ao Soberano Bem (LAS, 191). No domínio histórico-político, o entusiasmo, diz-nos Lyotard, é portanto análogo a esse sentimento sublime:

> Mas porque ele é o paradoxo sentimental, o paradoxo de experimentar publicamente e, de direito, em conjunto, que alguma coisa que é "sem forma" faz alusão a um além da experiência, o sublime constitui uma "como se" apresentação da Idéia de sociedade civil e mesmo cosmopolítica, portanto da Idéia de moralidade, ali onde, no entanto, ela não pode ser apresentada, na experiência. (MP, 75)

O "sem forma", aqui, é evidentemente a revolução, isto é, esse tipo de fenômeno social em que o interesse pessoal, a loucura e o sangue são indiscerníveis do ideal, em que o povo é vítima da confusão indicada acima e que o leva a crer que pode "substantivar-se" em sujeito único da história (DI, 246, 257). Considerada em si mesma, diz Kant, a revolução é, em suma, uma aparência transcendental que não poderá jamais nos fornecer esses "sinais da história" que nos permitam dizer: "a humanidade progride para o melhor". Mas, se a considerarmos do ponto de vista da emoção que suscitou nos observadores estrangeiros que em seus países tomaram o seu partido – não sem correr riscos com isso, e sem auferir nenhuma vantagem –, seu valor é então totalmente outro, pois esse entusiasmo é o sinal de uma sensibilidade crescente às

Idéias, o sinal de uma maior cultura e de um progresso da humanidade em direção de seu destino moral.

O sentido do discurso político que Lyotard desenvolve a partir de Kant é, portanto, este: mesmo se as revoluções são o efeito de uma ilusão transcendental em que o povo julga poder "se instanciar" como destinador e destinatário de uma frase histórico-política universal, mesmo se, como alguns não param de repetir em nossos dias, elas sempre terminam mal, ainda assim sua significação ideal não se esgota em sua realidade social e seu sucesso histórico. Se a revolução é um "acontecimento", parece nos dizer Lyotard, ela o é mais do lado de um público de observadores imparciais do que do lado de seus atores, pois o entusiasmo deles é para o crítico atento um sinal sublime disso que não se pode apresentar, mas também não esquecer, a Idéia.

Essa reflexão política tem, aliás, um tom implicitamente polêmico, que não foi certamente ignorado pelo leitor. Quinze anos após maio de 68, dez anos após *Economie libidinale*, após ter sofrido críticas de ex-companheiros que o acusavam de traição, após ter sido seriamente atacado pelos filósofos que por pouco não o transformaram no bufão do acontecimento de maio, Lyotard volta ao sentido da "revolução" encontrando um aliado inesperado em Kant, e aplicando uma vez mais os instrumentos da crítica e da análise das frases.[3] Sem entrar diretamente na polêmica, parece-nos oportuno nos perguntar se o caminho escolhido por Lyotard para responder a seus adversários, insistindo em atribuir um sentido ao Acontecimento de maio de 68, não lhe custou

---

3. No que concerne às críticas de ex-companheiros de *Socialisme ou Barbarie*, cf. declarações de Lyotard no artigo dedicado a Pierre Soury incluído em *Peregrinações*. Para o que concerne aos ataques dos "novos filósofos" contra Lyotard, cf. Luc Ferry e Alain Renault, *La Pensée 68*, Paris, Gallimard, 1985, p. 14, 44-6, 78, 164, 195, 288.

caro, a saber: o preço, por demais elevado, de uma desaceleração do "político". Atribuindo a faculdade de julgar política unicamente a um público de observadores, Lyotard não apenas se submeteu a esse exercício difícil que consiste em calar em si próprio o exagero do militante, do observador entusiasta e do crítico atento, mas subtraiu também dos "atores políticos" a possibilidade de legitimar seu "entusiasmo" a partir dos juízos políticos com os quais eles se identificavam.[4]

"Maio de 68" talvez não tenha sido uma revolução de verdade, uma daquelas que terminam em sangue, mas não será menos falso ver aí, como queriam seus detratores, tão simplesmente um carnaval. Maio de 68 antes parece representar o começo de uma nova maneira de se reportar a *certas* verdades políticas, que dizem respeito à sociedade de consumo, aos desfalecimentos da democracia, à fábrica, à universidade, à ecologia ou à relação entre os sexos, a maioria delas não menos urgentes hoje em dia do que na época. Maio de 68 foi, sobretudo, o começo de uma nova dialética entre "verdades" – afirmadas por subjetividades políticas "não substancializadas" sociologicamente – e "instituições" cujo sentido ainda não alcançamos totalmente. Mas, para refletir sobre isso, talvez precisássemos de uma doutrina do juízo reflexionante político menos "sublime", mas também menos "fraca", que a de Lyotard, e talvez também de um pouco dessa fé na verdade que conduzia Lyotard a afirmar, durante o Acontecimento de maio:

---

4. A doutrina do juízo político de Lyotard parece, em suma, fazer os "atores políticos" pagarem o mesmo preço que a doutrina de Arendt. Ver sobre esse tema as interessantes observações de Ronald Beiner que acompanham as lições de Arendt sobre o juízo (in Hannah Arendt, *Juger. Sur la philosophie politique de Kant* (tr. fr. Paris, Seuil, 1991, p. 183-90; Ed. bras.: *Lições sobre a filosofia política de Kant*, Rio de Janeiro, Relume-Dumará, 1994).

A verdade é o que transforma, apenas ela é revolucionária, apenas com ela não há composição. (DMF, 28)

O sublime artístico: a presença

> Trata-se de uma pressuposição, ou mesmo de um preconceito [...] no pensamento ocidental pelo menos, e isso há dois milênios, que o processo da arte deve ser compreendido a partir da relação de uma matéria e uma forma. Esse preconceito continua ativo na própria análise kantiana. Assim, o que cauciona a pureza do gosto, o que subtrai o prazer estético à ação de interesses empíricos, de preferências "patológicas", à satisfação de motivações particulares, é, segundo Kant, a consideração apenas da forma, a indiferença à qualidade ou ao poder propriamente material dos dados sensíveis e mesmo imaginativos. (IH, 150-51)

A estética do belo, diz-nos Lyotard, se baseia em dois princípios complementares: neste que funda o processo artístico na relação (hilemórfica) matéria-forma e naquele que submete a matéria ao poder sintético da forma. Nesse gênero de estética, a matéria é "o diverso" instável e desvanecente, o que apenas pode ser objeto de um prazer empírico, individual, não partilhável. A forma, em contrapartida, representa *a propriedade comum a todo espírito, a faculdade de sintetizar dados, de reunir o diverso*. É, portanto, nela que se funda essa promessa de partilha veiculada pelo juízo reflexionante estético, ao passo que a cor de uma rosa ou o timbre de um violino são deixados ao "gosto individual" e a suas idiossincrasias. Muito diferentes são em compensação os princípios nos quais se baseia essa estética *do prazer e do desprazer*, *da alegria e da ansiedade, da exaltação e da depressão* (IH, 104) que, apesar de ter sido batizada no final do século XVIII com o nome de *sublime*, é na verdade a única que pode exprimir o estado de crise profunda que a arte vive hoje em dia:

> Ao mesmo tempo que declina a idéia de uma adequação natural entre a matéria e a forma, declínio já implicado na análise kantiana do sublime (e que foi durante um século ao mesmo tempo escondido e revelado pela estética romântica), a questão das artes, principalmente da pintura e da música, a questão só pode ser então aproximar a matéria. Ou seja, aproximar a presença sem recorrer às formas da apresentação. Podemos determinar uma cor ou um som em termos de vibrações, de acordo com a altura, a duração, a freqüência. Mas o timbre e a nuança (e os dois termos se aplicam, como sabemos, tanto à qualidade das cores quanto às sonoridades), o timbre e a nuança são justamente o que se subtrai a essa espécie de determinação. (IH, 151-52)

O único desafio da arte de nosso tempo, diz-nos Lyotard, é perturbar os princípios que regem a estética do belo com o propósito de aproximar a *presença* do que não poderá jamais ser representado, mas que nos é indicado por aquilo que precede toda forma: a sensação, o tempo, o Ser, a Idéia. De que modo se aproximar da presença? Seguindo o caminho "hipercrítico" que Kant descerrou para nós, em *Analítica do sublime*, e que consiste em suspender a síntese das formas e o encadeamento das frases por um contraste, um sobressalto, uma cesura, um vazio, uma catatonia, uma congestão, um derramamento. A bem dizer, a presença é somente um nome para aquilo que é constantemente esquecido, forcluído, ameaçado, pelos enredos intersubjetivos da linguagem, pelas "sínteses digitais" da *tecnociência*, pelo estresse que domina nossa vida moderna obsidiada pela ansiedade "de não perder tempo":

> A presença é o instante que interrompe o caos da história e reanima ou anima simplesmente aquele "há aqui" anterior a qualquer significação disso que há aqui. É uma idéia que se pode designar pelo nome de mística, uma vez que se trata do mistério do ser. Mas o ser não é o sentido. (IH, 97-8)

Lyotard desenvolveu essas reflexões sobre o sublime e a presença em inúmeros textos dedicados a artistas contemporâneos – ao pintor Barnett Baruch Newmann, a Daniel Buren, a Baruchello, etc. – recorrendo a argumentos cujo estilo ao mesmo tempo brilhante e heterogêneo não disfarça, no entanto, certas ambigüidades e torções singulares. Tomemos um exemplo em que se produz uma torção conceitual muito rica em conseqüências teóricas.

O princípio no qual se baseia a estética do sublime é, como vimos, o da inversão do lugar e do valor atribuídos à forma e à matéria. Uma das possibilidades poéticas que se abrem a partir daí é representada por essa *estética dos timbres e das nuanças* que foi elaborada pelas vanguardas artísticas que – tanto na pintura quanto na música do século XX, de Debussy e Ravel, até Varese, Cage, Nono e Boulez (IH, 158) – se engajaram numa luta ferrenha contra a fatuidade da forma e do conceito. Para Lyotard, que no caso faz referência a Adorno, nesse mundo dominado pelo logocentrismo da ciência e da técnica, o desafio é "tornar-se disponível para a invasão das nuanças, tornar-se passível ao timbre" a fim de se subtrair à "agressividade, à dominação (*o mancipium*), à negociação que são o regime do espírito", a fim de salvar a individualidade e a singularidade "irrepetível", a carne sensível da experiência.⁵ Nesse mundo em que reina a "beleza do entendimento", perfeita e infalível, da foto industrial e de *Voyager II* (IH, 134), nesse mundo em que Hegel parece enfim celebrar seu triunfo em Hollywood (IH, 126), nada mais resta à arte a não ser compreender-se como uma atividade ascética de contemplação das singularidades e das diferenças inefáveis; diferenças que se subtraem a toda espécie de determinação científica, assim como uma diferença de timbre, "entre a mesma nota dependendo de onde emane, de um violino, de um piano ou de uma flauta" foge a todo parâmetro físico (IH, 152).

Onde reside pois a "torção"? Primeiramente, o exemplo de Lyotard tem um lapso, pois, na realidade, o timbre de uma flauta *pode* ser distinguido do timbre de um violino devido à *forma* física de sua onda. Então, por que um lapso, e não um erro? Porque esse exemplo um pouco canhestro, que podemos, aliás, tentar corrigir de muitas maneiras⁶, parece-nos sintomático de alguma coisa filosoficamente bastante pertinente. No nosso entender, ele mostra efetivamente que o "sublime" não representa uma verdadeira alternativa para o "belo" – "nessa época posterior a Auschwitz", diz-nos Lyotard após Adorno, "quem faz belo, faz kitsch" –, pois a estética do sublime não passa na realidade de uma "anticiência", ou mesmo da imagem em negativo do poder supremo que nós todos, assim como Lyotard, atribuímos doravante à tecnociência.

---

5. Lyotard se refere aqui à *Teoria estética* que o mais importante representante da Escola de Frankfurt, Theodor W. Adorno (1903-1969), estava prestes a concluir quando morreu, assim como *Dialética do esclarecimento*, obra redigida com Max Horkheimer (1895-1973).

6. Um exemplo mais difícil de "falsificar" poderia ser este: "O computador de um cientista não pode distinguir o timbre da trompeta de Miles Davis daquela de Chet Baker, o que o ouvido do especialista de *jazz* pode facilmente fazer". A referência aos timbres do *jazz* é do próprio Lyotard (IH, 158).

Essa concepção de arte, que Lyotard identifica às vezes como mais próxima de uma *ontologia negativa* do que de uma estética (MP, 204), possui naturalmente um certo atrativo, mas também muitos inconvenientes. O primeiro inconveniente é que o sentido que atribuímos à arte *depende* daquele, mesmo que negativo, que atribuímos à ciência. O segundo é que, uma vez que não resta à arte senão esse *resíduo inefável* e indeterminável que foge à tecnociência, quanto mais o poder dessa última cresce, mais o espaço e o sentido da arte se reduzem; inconvenientes que, aliás, não escaparam ao nosso autor. As novas tecnologias, diz-nos Lyotard, permitem "digitalizar" os dados sensíveis e armazená-los para utilizá-los em outro lugar e outro tempo. A "Estética transcendental" de Kant almejava descrever as condições iniciais pelas quais o espírito é afetado por "uma 'matéria' que ele não controla plenamente, que lhe acontece aqui e agora" (IH, 60). Ora, uma vez que as tecnologias contemporâneas permitem controlar e reproduzir ao infinito essas condições iniciais, essa concepção estética parece agora de um "arcaísmo em desuso". Mas, acrescentemos, caso isso fosse verdade, a estética sublime, a poética das nuanças e timbres, não ficaria profundamente abalada?

O desafio deve ser levado a sério e mereceria ser discutido de modo bem mais profundo do que podemos fazer aqui. Observemos apenas que, se o "caminho estético" desenvolvido por Lyotard ao longo de toda sua reflexão sobre o juízo reflexionante se revelasse verdadeiramente um arcaísmo em desuso, se a ciência pudesse verdadeiramente substituir toda sensação (e não, como isso ainda parece ser o caso no presente, imitar simplesmente uma sensação "já pronta", "já feita" e doravante "morta"), o "destinador desconhecido" das frases-sensação ficaria definitivamente "marginado" *de fora* do processo de comunicação, o círculo ficaria então fechado e, julgando estar em comunicação com nós mesmos, na realidade estaríamos nos comunicando apenas com a maquinaria cósmica da tecnociência. Na solidão desolada desse roteiro teórico, nesse estado totalitário do porvir em que todas as questões acharam (conforme previa o *Tractatus*) uma resposta no discurso da tecnociência, só nos restaria, então, o sentimento melancólico de nosso ser-aí, o sentimento de nossa existência separada para sempre de toda essência, o sentimento – desesperadamente não místico? – de que a arte sublima num fantasma de sensação que não quer nada de nós, que não nos força a nada, mas que está presente, como uma *santa presença*:

> Mas a cor em seu ser-aí parece desafiar toda dedução. Como o timbre em música, ela parece desafiar o espírito, ela o desfaz. É a essa defecção da capacidade de enredo que gostaria de chamar alma. Ao invés de ser mística, ela é de preferência material. Enseja uma estética de "antes" das formas. Estética da presença [...]. (IH, 163)

> [...] impotência em ater-se ao instante material, [...] sofrimento de uma santidade impossível. Encontramo-nos longe de deus, o deus explodiu, as galáxias de ressonância fogem do *templum sanctum* (onde repercute o som inicial) em alta velocidade. Talvez estejam cantando, encadeando freqüências, alturas, durações diversas. Mas o inigualável ou o irrepetível não reside nos encadeamentos. Esconde-se e se oferece em cada átomo sonoro, talvez. (IH, 175-76)

Os esquemas e os nomes

Resta-nos agora tentar compreender em que consiste a *tecnociência* para Lyotard. Poderíamos, no caso, ficar surpresos em encontrar semelhante concepção totalitária da razão científica em um autor que preferia referir-se à pragmática pluralista e transdisciplinar (*Rudiments païens*), ao poder paralógico, imaginativo e criativo da ciência (*A condição pós-moderna*). Ora, para compreender essa reviravolta devemos, no nosso entender, examinar duas ordens de razões. A primeira ordem, que analisaremos em seguida, se dá no *interior* da lógica transcendental da linguagem. A segunda ordem, que será objeto dos próximos parágrafos, está relacionada, ao contrário, a razões *externas* à linguagem, e sobretudo ao papel que a termodinâmica e a psicanálise voltaram a ter no "último Lyotard".

Analisando as regras do "jogo de linguagem" da ciência, vimos que entre a frase-sensação e a frase ostensiva se produzia um primeiro diferendo, um "diferendo ontológico" sobre o qual, é preciso agora esclarecer, se enxerta um segundo diferendo, mais epistemológico, que podemos resumir assim: *o que permite à frase ostensiva produzida no plano da intuição entender-se com a frase cognitiva produzida no plano do conceito*? Em Kant, a tarefa de fazer que a intuição e o conceito se entendam é atribuída às representações que têm o poder de exprimir o conteúdo universal do conceito em função de cada intuição singular do tempo. Essas representações que, segundo uma interpretação aceita do problema, são *regras recorrentes* que permitem a construção matemática do conceito, chamam-se *esquemas*. Ora, a tese surpreendente de Lyotard referente ao problema do esquematismo é que um esquema não passa de um *nome*, e que um diferendo que faz referência aos nomes se produz inevitavelmente no cerne da questão do esquematismo! Como compreender, à luz da tradição kantiana, essa estranha interpretação do esquematismo?

Para Lyotard, a função principal do nome está efetivamente em "articular o sensível e o conceito" encadeando a ostensão de um caso singular a uma definição (DI, 73). Esse poder de encadeamento resulta de duas propriedades essenciais e complementares do nome: seu caráter "rígido", que lhe permite designar, independentemente de toda variação de contexto, o objeto ao qual foi colado por um ato originário de ostensão (teoria do batismo); e sua "falta intrínseca de sentido", que lhe permite associar-se a todo sentido passado ou futuro, adaptando-se assim às oscilações perceptivas e teóricas que afetam o objeto durante o processo de conhecimento.[7] O nome funciona, em suma, como um prego no qual penduramos inúmeras "vestimentas" com as quais vestimos a realidade ao longo dos anos; e isso a partir da própria realidade do tempo capturado por esse sistema de nomes, universalmente aplicáveis, pois totalmente vazios de sentido, que são *os números*. Se fosse, portanto, legítimo atribuir a Lyotard uma tese específica referente ao problema kantiano do esquematismo, ela se assemelharia então a esta: *o número é o esquema geral do tempo, pois, se o tempo é a forma mais pura e universal da sensibilidade, o número não é senão a forma mais pura e universal do nome.*

Segundo Lyotard, os nomes se definem em sistemas estruturados de acordo com regras sintáticas e semânticas rigorosas: sistemas de números e de medidas, redes de datas e de coordenadas geográficas, sistemas de estado civil e cadastrais, nomes próprios de acontecimentos, de lugares e de pessoas, etc. Um sistema de nomes forma, portanto, um *mundo* e é devido a essa base de nomes que se condensa, toma forma e se estabiliza – de modo intersubjetivamente partilhado, universalmente

---

7. Lyotard adota a doutrina dos "nomes próprios vazios" das *Investigações filosóficas* de Wittgenstein (§79), e a teoria do batismo de *Naming and Necessity,* de Saul Kripke (Cambridge, MA: Harvard University Press, 1980).

identificável e cientificamente confirmável – isso que chamamos *a realidade*.

> A realidade: um enxame de nomes pousa em um campo descoberto por um mundo. (DI, 82)[8]

As conseqüências dessa interpretação "nominalista" do problema kantiano do esquematismo não devem ser ignoradas. A primeira, sugere-nos Lyotard, é que esses esquemas nominais têm um caráter contingente, convencional e histórico que a "dedução transcendental" kantiana queria nos fazer esquecer. O que faz os diferendos epistemológicos se transformarem às vezes em conflitos "quase políticos" envolvendo a axiomática dos nomes, dos números e das medidas a adotar. A segunda é que o encadeamento científico está sempre e necessariamente suspenso a uma relação de exterioridade entre nome e sensação, a uma relação de pura "indicação" que não poderá nunca ser transformada nessa relação de interioridade própria à definição conceitual. Embora encadeada a uma frase nominal que lhe confere uma identidade nominal estável, a frase-sensação não se deixa reduzir a ela: embora encadeada a uma frase conceitual que a enriquece com uma multiplicidade de sentidos variáveis no tempo, a frase nominal não se resolve aí. Em outras palavras, retomando uma tese fenomenológica que já animava *Discours, figure*, Lyotard mostra que, no fundo de toda

---

8. Observaremos que essa concepção do real e da temporalidade científica tem a ver com essa concepção "simbólico-digital" do saber que organiza a realidade em uma rede de oposições significativas, em uma rede [*toile d'araignée*] de relações racionais, que despoja a realidade de sua "carne" sensível remetendo "as outras modalidades de expressão" – os timbres e as nuanças, as linhas e as luzes – "ao imaginário, ao engano" (PE, 30); concepção que Lyotard atribui ao estruturalismo e que, como ressaltaremos, já era um dos alvos críticos de *Discours, figure*. Ver capítulo 2.

operação de conhecimento, existe um dado irredutível, uma "presença" ineliminável indicada pela sensação; e, retomando uma tese clássica da sofística nominalista, ele mostra que toda teoria, por mais universal e abstrata que pretenda ser, está sempre presa a nomes de singularidades tecidas em uma trama temporal e histórica de *narrações*. A permanência, no fundo de todo encadeamento de conhecimento, de sensações contingentes e obscuras, assim como de uma pluralidade de "nomes próprios" de singularidades indefiníveis, oferece-nos boas razões para supor que isto que o idioma disponibilizado pela ciência empresta ao conjunto de referentes científicos que chamamos *Realidade* seja o mesmo que aquele falado pelo destinador desconhecido que, na falta de melhor opção, chamamos *Ser*.

Concluamos. Há um desfalecimento na síntese do juízo, na ligação do conceito e do sensível, desfalecimento que interrompe a captura que os esquemas-nomes exercem sobre o sensível e que os números exercem sobre o tempo: *sublime* é esse instante de vazio, esse momento de fratura, em que todos os diferendos (ontológicos, epistemológicos, políticos), reprimidos pelo discurso totalitário da tecnociência, encontram, enfim, não um idioma que lhes confere expressão positiva, mas um sinal de sua existência heterogênea e incomensurável, um testemunho de sua presença irredutível: *epifania negativa*.

A *dominação tecnocientífica*

A esta altura, devemos, porém, fazer uma pergunta: se, detrás da aparência de unidade ostentada pelo discurso da ciência, a linguagem conserva uma heterogeneidade irredutível, o que impede esse encadeamento discursivo de explodir a todo o momento em mil estilhaços de frase? O que impede os diferendos escondidos abaixo do discurso da ciência de materializar-se, dissolvendo de uma vez por todas a grande ilusão ontológica que os sufoca? No nosso entender, Lyotard entreviu duas possibilidades de resolver essas questões relacionadas ao problema do esquematismo. Uma delas consiste em descobrir, abaixo da Faculdade de julgar de modo determinante científico, uma Faculdade de julgar de modo reflexionante que a orienta e a sustenta[9]; a outra consiste, ao contrário, em dizer que o discurso da ciência só recebe sua "verdade" da efetividade pragmática de seus encadeamentos, do valor coercitivo dos "esquemas comunitários" que a legitimam, da vontade de domínio e apropriação que ali se expressa, do engano e da violência ontológica que ali se escondem. Apesar de ter sugerido com vigor o primeiro caminho, é pelo segundo termo da alternativa que Lyotard parece enfim ter optado:

> Onde está o "engano"? Seriam esses conhecimentos falsos? Não. O engano é o saber. Os conhecimentos são verdadeiros, mas de uma verdade tecnocientífica. Não são verdades apenas, eles autorizam ações; estas são meios de obter efeitos, são instrumentos e armas de dominação. Elas se relacionam a um eu como próteses de sua identidade e de sua vontade. Reforçam-no. São os signos e os instrumentos exercidos sobre o ser pelo sujeito. Revelam o engano primeiro, a loucura de se ser, de reduzir qualquer *outro* a objeto de gozo para si próprio. Eu o possuo, disponho dele, sirvo-me dele, conheço-o,

---

9. O que nos permitiria interpretar os esquemas como *analogias* e mostrar que, para além da ideologia cientificista que domina nossa época, a ciência não é apenas uma "ilusão ontológica". Esse caminho parece-nos o que foi trilhado por Brunschvicg em sua interpretação das "analogias da experiência". Cf. Léon Brunschvicg, *L'Expérience humaine et la causalité physique*, Paris, Alcan, 1922, e nosso *Le Problème de la vérité scientifique*, op. cit.

aprecio-o. Ao se querer, o eu esquece a alteridade, busca suprimir a passagem, o tempo, o *karma*. (QP, 73)

Assim como Nietzsche, Heidegger, Adorno, e outros críticos da modernidade científica, Lyotard descobre por trás da razão teórica uma "vontade prática". No domínio do conhecimento, a Faculdade de julgar age como um juiz que aplica uma lei que ele não estabeleceu e que recebeu da faculdade legisladora, o entendimento. A lei do entendimento é a da unidade, unidade do "eu penso" comprometido a estender a síntese identitária da diferença sensível, unidade da comunidade científica comprometida a garantir o domínio teórico, técnico, econômico, militar do mundo. Não é o caso de se aplicar a lei sem intervenção de um "poder manual de ordenação" que viola a heterogeneidade das frases e que as força a adaptar-se ao objetivo unitário que lhes é prescrito pelo discurso da ciência: ganhar tempo. Nos últimos textos de Lyotard, a metáfora da mão, do *manceps*, do *manicipium*, substitui muitas vezes a do juiz e do tribunal, e a ciência ali aparece enfim como uma dominação [*mainmise*] sobre o Ser-Tempo (TU, 3); o que explica porque, no "último Lyotard", a ciência é essencial e imediatamente identificada a uma *techne*, produzindo essa ordenação monstruosa de números e peças metálicas, essa enorme máquina de captação e capitalização das energias, de transformação e manipulação do Ser, que chamamos *Gestell* ou *tecnociência* (HJ, 143).

No entanto, o discurso de Lyotard sobre a tecnociência é ainda mais complicado, e a torção que o anima, por conseguinte, mais "sublime". O erro seria de fato crer que por trás da tecnociência existe uma vontade humana, e que o controle do tempo é simplesmente uma necessidade imposta ao Ser pela linguagem matematizada e informatizada da "mônada capitalista", pela "megalópole telemática" em expansão exponencial sobre a superfície devastada do planeta (MP, 28). No último Lyotard há, é claro, tudo isso, assim como a denúncia da "desertificação industrial das intimidades" (HJ, 83), da "perda da infância" (que, não estando mais protegida pelas instituições tradicionais, é absorvida imediatamente pelas redes da comunicação e do mercado), e do novo perigo totalitário (a "mobilização total" das energias, a multiplicação das "interfaces" entre o *socius* e o "privado") que daí deriva (LE, 79-83). Todos esses temas críticos, que fazem a grande atualidade do pensamento de Lyotard, e para os quais podemos apenas remeter o leitor, não excluem, no entanto, a associação de uma tendência oposta que acaba por *desculpar e desresponsabilizar o sistema*. Essa tendência *inumana* consiste, na realidade, em mostrar que a "vontade" que se exprime na tecnociência é um *instinto de vida cósmico*, uma pulsão *neguentrópica*, de dentro do Ser-Tempo, na direção da capitalização, da complexidade, da diferenciação da informação e das energias:

> Uma das implicações dessa corrente de pensamento [da ciência e da epistemologia contemporânea] é que ela deveria provocar, no que chamo o narcisismo do humano, um novo golpe. Freud já nomeara três famosos: o homem não é o centro do cosmos (Copérnico), não é o primeiro da espécie (Darwin), não é senhor do sentido (Freud). Por intermédio da tecnociência contemporânea, ele fica sabendo que não tem o monopólio da mente, ou seja, da complexificação, mas que esta não se acha inscrita como um destino na matéria, mas que pode dar-se aí, e que se deu por acaso, mas inteligivelmente muito antes dele próprio. Fica sabendo em especial que sua própria ciência é por sua vez uma complexificação da matéria, onde, por assim dizer, a própria energia vem refletir-se, sem que ele se beneficie necessariamente com isso.

E que, desse modo, ele não deve se considerar como uma origem nem como um resultado, mas como um transformador, garantindo, por sua tecnociência, suas artes, seu desenvolvimento econômico, suas culturas e o novo armazenamento de memória que elas comportam, um suplemento de complexidade no universo. (IH, 54-5)

Que o "sistema" tenha de ser declarado *inocente* em última instância se deve a um motivo estreitamente relacionado ao anterior. Que papel desempenham de fato, nesse processo de transformação e de complexificação ontológica, essas instâncias críticas que, para Lyotard, representavam anteriormente os únicos fatores de criação e de inovação científica, artística e filosófica, as únicas garantias da abertura e da "justiça" do sistema? O juízo "crítico", diz-nos agora Lyotard, não é mais uma questão filosófica verdadeira, pois está sob a responsabilidade de um sistema que o utiliza a fim de regular e aumentar sua complexidade e sua performatividade; e a *imaginação criadora* é daqui para frente a heroína de uma "fábula" que mais se assemelha a um romance de ficção científica que a "uma narrativa de emancipação" (MP, 67, 89).

Uma fábula pós-moderna

Retomando as teses da termodinâmica, das teorias da informação e do "caos", *reinvertendo* ao mesmo tempo a interpretação filosófica que delas forneceu a corrente "vitalista" que de Bergson vai dar em Deleuze, passando por epistemólogos e cientistas como Michel Serres ou Prigogine, o "último Lyotard" descreve o "Ser-universo" como "animado" por duas tendências contrárias: uma *pulsão de vida,* que capitaliza informação e energia tendo em mira criar uma nova ordem e novas diferenças, e uma *pulsão de morte*, que se expressa por um aumento constante da entropia, ou até por uma desligação, uma homogeneização, uma perda de informação, uma anulação das diferenças. Se ainda assim é preciso falar de uma inversão de sinal em relação à interpretação "vitalista" à qual *A condição pós-moderna* ainda aderia, é porque Lyotard não atribui mais à "pulsão neguentrópica" um poder temporal criador de um *acontecimento*, e sim – como Darwin, Freud, Max Weber e mesmo Luhmann – uma tendência à complexificação, à racionalização, à estruturação de um sistema sempre mais eficiente e performante, ao domínio do tempo e do acontecimento, à capitalização das informações, das energias e do tempo necessários à humanidade a fim de se preparar para o "objetivo final" que o "cosmos" lhe indicou: *deixar a Terra após a morte "entrópica" do Sol* (MP, 85-6).

A "fábula pós-moderna" de Lyotard conta, em um estilo de ficção científica, à moda de Philip K. Dick, a história da humanidade a partir desse objetivo último que, de modo inconsciente, parece tê-la sempre dirigido.[10] Esse objetivo último é claramente um objetivo de *sobrevivência*, sobrevivência que é menos a da espécie que a de seu "espírito", até mesmo de sua linguagem e de seu saber, de sua memória cibernética, de seu "estoque" de informações. Se o objetivo é, portanto, inumano,

---

10. Jean-Michel Salankis observou, com razão, como, ao indicar um "objetivo último" para a razão humana, a filosofia de Lyotard recai numa espécie de posição "pré-crítica". Atesta também essa recaída a utilização "objetivista" que o "último Lyotard" faz da psicanálise, interpretada como saber do corpo, da diferença sexual e do dualismo metapsicológico (pulsão de vida/pulsão de morte) que rege a vida inconsciente. Cf. J.-M. Salanskis, *Le gardien du différend*, op. cit., p. 98-104. Incorporando o emprego de certas palavras, podemos afirmar que a "camada linguageira" que cercava a reflexão de Lyotard desmorona e que o pensamento fica de novo em contato direto com seu *fora*. O percurso do pensamento de Lyotard se fecha, em suma, em posições próximas daquelas de onde partiu (cf. capítulo 2, a análise do papel desempenhado em *Discours, figure* pela metapsicologia freudiana).

é porque não é ditado ao homem e à sua ciência nem por um ideal de verdade, de consciência e de racionalidade, nem por um projeto escatológico de emancipação, mas por uma espécie de *inconsciente universal* que é atravessado pelas mesmas oposições que animam o "inconsciente humano", a vida e a morte, o amor e o ódio, a infância e a velhice, a diferença dos séculos. Mas o que caracteriza antes de tudo o "Grande Todo inconsciente" do Ser é evidentemente esse fenômeno de cegueira sobre si mesmo, essa espécie de *foraclusão ontológica* da qual nossa época é a testemunha mais gritante:

> Quando se pode simular *in vitro* a explosão solar ou a fecundação e a gestação de um ser vivo, é preciso saber o que se quer. Ou não sabemos de nada [...] Vestiram-na com todas as roupagens: destino do homem, progresso, luzes, emancipação, felicidade. Hoje essa foraclusão aparece, completamente nua. Saber e poder mais, sim, mas por quê, não. (IH, 64)

Uma análise da biografia que Lyotard consagrou a André Malraux poderia nos mostrar como a vida e arte desse herói pós-moderno, de temperamento por vezes entusiasta, por vezes melancólico (SM, 36), organiza-se em torno de tal cegueira no que diz respeito às verdadeiras razões de seus atos: esquecimento de sua infância e foraclusão da diferença sexual que ali se revela.[11] Ela poderia

---

11. Para Lyotard, Malraux é o exemplo de alguém que "organizou" toda a sua vida com o objetivo de esquecer sua infância. A infância de Malraux é dominada pela figura da avó, da tia e da mãe (Berthe) abandonada por seu pai (Fernand), que dera à avó um neto morto algumas semanas após o nascimento. O desejo de esquecer a infância nasce, portanto, do desejo de renegar essa mãe fraca, de se desviar dos perigos da feminilidade (ser seduzida e abandonada, ser violada, engendrar filhos mortos). Essa angústia para com o feminino é traída em Malraux pelo medo de aranhas, ratos, cobras, de tudo que pode deslizar para trás de nós "espalhando

ainda nos mostrar como essa cegueira é o que expressa, e ao mesmo tempo esconde a "verdade" da época em que esse herói vive, *época pós-moderna que é contemporânea de todas as épocas e de todas as culturas, e que não se parece, portanto, com nenhuma delas, época em que todas as "sínteses totalitárias e redentoras" produzidas pelas narrativas históricas tradicionais são quebradas, época do niilismo e da revelação do nada.*

O pós-moderno é a época paradoxal e sublime *da cesura*, desse "instante em que o divino toca o espírito humano, justamente enquanto se 'afasta dele categoricamente'" (QP, 21). Nesse instante trágico, que reabre no âmbito do encadeamento histórico o nada e o vazio que separa (ontologicamente) cada frase daquela que a precedia, toda "síntese totalitária" do tempo desmorona. Mas é também nessa cesura, que desfaz nosso tempo em uma alternância de instantes de *entusiasmo e melancolia* – *estados de alma contraditórios e sublimes* que exprimem duas atitudes existenciais opostas e complementares diante do tempo, diante da impossibilidade, ou mesmo a interdição, de se fazer uma "imagem" do tempo –, que é preciso situar o pensamento de Lyotard para compreender todo o alcance e o sentido que ele tem para nós.

Foi a partir dessa cesura, dessa "ferida" aberta por nossa época – época em "*tudo* é possível" e em que "*nada* o é realmente", da qual *Economie libidinale* foi a expressão mais aguçada – que começaram efetivamente as peregrinações de Lyotard na história do pensamento e no tempo da cultura. Foi a partir dessa cesura, da falha entre o conceito e a sensação que ela nos revela, do hiato senso-motor em que nos mergulha, da crise

---

seu esperma". Sobre esse conceito de angústia e de acontecimento-sintoma relacionado a uma teoria da "temporalidade inconsciente" (*Nachträglichkeit*), ver também HJ 30-5.

teórico-prática em que nos abandona, que Lyotard redescobre "outros" modos de narração que pareceriam nos ensinar a pensar e a viver com essa "fenda". A pragmática sofista convida-nos, então, a comunicar-nos uns com os outros como bons democratas, acendendo, como pagãos astuciosos, uma vela a Júpiter (*Instructions* e *Rudiments païens*). O ascetismo cristão de santo Agostinho nos ensina, em compensação, que o único diálogo verdadeiro, aquele que advém em nosso foro íntimo com esse destinador desconhecido que chamamos também de Deus, só pode passar pelo caminho dos sentidos e dos "pecados" da carne (*A confissão de Agostinho*). O ascetismo budista de Dôgen, dos mestres zen e de um certo Heidegger tenta nos reconciliar com essa cesura, sublimando-a na contemplação da pura "presença", do inexplicável da existência, e na consciência do nada que ela revela (*Que peindre?*, *Heidegger e "os judeus"*). O positivismo a um só tempo visionário e ingênuo de certo pensamento científico contemporâneo nos sugere, enfim, recompor o hiato teórico-prático que dilacera nossas consciências de homens contemporâneos em função de um objetivo final a atingir em alguns milhões de anos, com o risco, no entanto, de fingir não saber que a humanidade é "livre" para desaparecer já *amanhã* (*O inumano*, *Moralités postmodernes*).

Antes de concluir nosso percurso na filosofia de Lyotard, visitemos rapidamente um outro lugar de pensamento que ele ocupou durante suas peregrinações no tempo e na história, aquele oferecido à humanidade por essa religião que, dessacralizando o mundo do animismo pagão, julgou poder regular as ações dos homens em função de *um Deus sem "imagem"*, em função de uma *lei de fala*. Nosso sentimento, certamente criticável, é efetivamente de que uma análise aprofundada da reflexão lyotardiana sobre o judaísmo nos levaria inevitavelmente ao único lugar de pensamento e de vida que Lyotard teria verdadeiramente "aberto" em nossa época, o do juízo.

O *sublime moral: a lei judaica*

Contrariamente ao que às vezes se argumenta, a reflexão de Lyotard sobre o judaísmo tem como ponto de partida Freud, mais do que Lévinas. Foi somente em um segundo momento que essa reflexão – que se desenvolveu primeiro em torno de uma analogia histórico-cultural ligando a "lei do pai" à religião judaica; a prática interpretativa psicanalítica à prática da leitura talmúdica e ao sentimento da dívida infinita – se transforma em uma reflexão moral centrada nos temas levinassianos da irredutibilidade da ética ao saber, da descoberta do rosto do Outro, da diáspora judaica. Em um terceiro momento, e principalmente em *Heidegger e "os judeus"*, essas duas fontes de pensamento parecem enfim convergir numa espécie de escuta, de espera paciente, de anamnese infinita, atestando uma condição perpetuamente "infantil" do pensamento "sujeitado" a uma Lei e a uma dívida que não se pode pagar. Só poderemos aproximar-nos aqui de alguns nós desse denso desenvolvimento de pensamento.[12]

A problemática de Lévinas de que Lyotard faz uso é ao mesmo tempo simples e complexa. Como já antecipamos

---

12. No que diz respeito à aproximação entre a psicanálise e a religião judaica, os textos de referência são "Œdipe juif" (1970) – reimpresso em DMF, 166 – e "Capitalisme énergumène" (1972) – reimpresso em DP, 37. Um dos objetivos desse último artigo é criticar a concepção da psicanálise do *Anti-Édipo*, de Deleuze e Guattari, que defendia a tese da implicação sociohistórica direta da prática psicanalítica e do modo de produção capitalista-burguês. Para Lyotard, ao contrário, as fontes culturais da psicanálise devem ser buscadas em um tipo de sociedade bem mais "arcaica", precisamente a sociedade "despótica" judaica. Ver p. 63, nota 11. Quanto à reflexão lyotardiana sobre Lévinas, os textos de referência são "Œdipe juif", "Logique de Lévinas" e *Le différend*.

com relação a Kant, Lévinas é para Lyotard o pensador que desprendeu a ética da submissão ao saber, que denunciou toda tentativa de redução da frase prescritiva à frase normativa que supostamente a legitimaria.

A frase normativa pretende colocar o destinatário da frase prescritiva no lugar de seu destinador, o "eu" em lugar do "tu", para constituir um "nós", uma instância intersubjetiva exterior à imanência da relação idioletal ("eu e tu", "eu e o estrangeiro que bate à minha porta", "Deus e Abraão") que, situando-se em posição de "terceiro" transcendente e objetivo, decidiria sobre a *verdade* da ordem veiculada pela frase prescritiva: "fecha a porta", "dá-me água", "sacrifica teu filho". Mas o perigo da normativa, diz Lyotard, é arrancar com isso o destinatário da "angústia do idioleto [...] que é também a maravilha do encontro do outro e um modo da ameaça do *Ereignis*. Essa ameaça, essa maravilha e essa angústia, seja o nada de um a-encadear, se acham então normalizados" (DI, 207). O que, segundo Lyotard, caracteriza, ao contrário, a relação ética autêntica, tal como Lévinas a teria manifestado, é o seu caráter assimétrico, a impossibilidade de universalizá-la, a imediatez do chamado que ela dirige ao nosso senso moral e que nos deixa completamente livres para satisfazer ou esquivar-nos a esse apelo. Se a imediatez é, portanto, o sinal do caráter fundamental de nossa relação com o Outro, o que garante no nível linguageiro a irredutibilidade de nossa experiência ética da liberdade e da lei moral é o *diferendo* inelimínável que transparece por trás da frase normativa que pretende legitimar a prescritiva e lançar assim uma ponte entre o *justo* e o *verdadeiro*.

A doutrina do *diferendo ético* recebeu duras críticas.[13] A objeção que se pode fazer a ela é, na verdade, de uma

---

13. Ver, por exemplo, as críticas que Manfred Frank lhe dirige em um artigo publicado em *Réécrire la modernité*, op. cit.

banalidade quase trágica: se a irredutibilidade da frase prescritiva é um critério linguageiro suficiente da relação ética, como, então, detectar a diferença entre a ordem do nazista que nos diz "mata o judeu" e a do estrangeiro que nos diz "dá-me água"?[14] Em diversas passagens de *Le différend*, Lyotard dá a impressão, efetivamente, de considerar essas duas prescrições como igualmente idioletais, ou mesmo indecidíveis do ponto de vista de sua *verdade*, e, portanto, de fazer da Shoah alguma coisa de *inexprimível*, e isso tanto do ponto de vista do sentimento das vítimas como dos carrascos. Temos, pois, razões para crer que semelhante interpretação "sublime" da Shoah teria sido vivida por uma testemunha corajosa e lúcida de Auschwitz, como Primo Levi, como o maior dos erros filosóficos.

Em *Heidegger e "os judeus"*, Lyotard retoma a questão da solução final sem se recusar a se questionar sobre o problema das "causas e das razões", encarando-a também do ponto de vista da questão na ordem do dia, "o caso Heidegger". Filiando-se à interpretação que Philippe Lacoue-Labarthe deu da política do primeiro Heidegger (HJ, 125), e criticando duramente a de Gérard Granel, Lyotard chega à conclusão de que o grande erro do segundo Heidegger, de que todo o Ocidente cristão participaria, foi ter continuado a conceber o Outro como Ser, e não como Lei (HJ, 153). Daí derivariam, portanto,

---

14. Na verdade, uma vez que para Lyotard, contrariamente a Kant, o caráter fundamental da relação ética é a "não universabilidade", o caráter idioletal, não se pode afirmar que a diferença entre a frase prescritiva do nazista e do estrangeiro consistiria em que uma é sempre passível de "reciprocidade", ao passo que a outra não o é nunca (LL, 143-44). Em outras palavras, já que o destinador e o destinatário da frase prescritiva não podem nunca trocar de lugar, a solução que consistiria em afirmar "que se pode sempre ser esse estrangeiro que pede água, enquanto não se pode mais, se o nazista já deu a ordem, ser esse judeu que poderia dizer: mate o nazista" está excluída *a priori* por Lyotard.

todas as insuficiências de sua tentativa, no entanto justa e sensata, de corrigir o pragmatismo guerreiro de *Sein und Zeit* por uma ética da escuta, da espera paciente, do inapresentável. Daí derivariam, portanto, sua obstinação em querer atribuir a responsabilidade da Shoah ao *Gestell*, à tecnociência (HJ, 145), e sua incapacidade de compreender que a "solução final" não passava da tentativa mais radical e desesperada de pôr fim à "questão judaica", exterminando esse povo "imprensado entre a profecia e a ruminação" que concebe a relação para com a Lei como uma dívida insatisfeita e infinita (HJ, 135). Ela seria a tentativa passada a ato pelo Ocidente enamorado de narrativas escatológicas e de utopias revolucionárias de pôr um fim à questão judaica, exterminando esse povo para o qual todos os "salvadores, mesmo mortos, são impostores" (HJ, 47), para o qual "a miséria do espírito, a servidão ao que está irrealizado, lhe é constitutiva" (HJ, 52), para o qual toda *Resolução* é impossível e até mesmo proibida (HJ, 68).

Apesar de certos tons um pouco forçados, a reconstrução que Lyotard faz dessa problemática difícil é no seu conjunto pertinente, e sobretudo interessante na conclusão, segundo a qual "os judeus" seriam o símbolo da condição atual de *toda* a humanidade ocidental. Contudo, caberia se perguntar, essa Lei, a que nós todos somos sujeitos, a que está sujeito esse "não povo de sobreviventes, judeus e não judeus, chamado aqui 'os judeus', cujo estar junto não está relacionado à autenticidade de nenhuma raiz primeira, mas a essa única dívida de uma anamnese interminável" (HJ, 152), o que ela seria senão esta que nos "obriga a julgar, sem saber de onde julgar"?

Desprendida de sua aura de inexprimível e de inefável, desprendida da problemática kantiana do sublime e de um certo fascínio pela ontologia negativa de Heidegger, a questão da Lei judaica parece então nos reconduzir a esse lugar de pensamento que Lyotard havia reconhecido, mesmo se de modo contraditório, ser o seu, assim como de Hannah Arendt. Ela nos reconduz, em suma, à questão do juízo. "Os judeus" de Arendt, dizia-nos efetivamente Lyotard, não são um povo natural ou nacional, pois

> [...] Eles prefiguram um estado do estar-junto ao qual todos os povos europeus estão e serão destinados pelo desastre totalitário. Um estar-junto sem raízes e que só tem para se conduzir o juízo, sem critério estabelecido, último recurso do sobrevivente. Não há necessidade, ser-necessitado, que possa em princípio privar o espírito da capacidade de fazer a diferença entre o que é bem e o que é mal. O exílio, a perseguição, a Shoah, todos esses modos acelerados da expedição ao nada, não deixam à alma o socorro de uma tradição assentada, eles só deixam à sua desolação a responsabilidade de dizer sim ou não à abjeção, a infância do espírito, a capacidade de julgar, que é a filiação verdadeira. (LE, 74)

E, algumas páginas mais adiante, com mais vigor ainda:

> Entre crianças já mortas, com urgência de vir a ser (quero dizer: adultos, "maduros") e defuntos ainda vivos – uns e outros que, portanto, *sobrevivem* –, o pensamento assim instado a estar presente, "estar ali", luta para manter o acesso à sua verdade, à sua condição de refém de alguma coisa que não foi nem será, mas para a qual deve testemunho. E esse testemunho ele o dá no que "julga". Pois não julga de parte alguma e em nome de nada nem de ninguém, passado ou porvir, atestando com isso que, no seio da imanência necessitante e necessitada, a obediência ao que está desobrigado pode se fazer de direito. (LE, 84)

Concluamos. Sem essa Faculdade de julgar – que, contrariamente ao que Lyotard e Arendt às vezes desejavam, teremos bons motivos para esperar ver mais vezes aplicada, tanto no domínio ético como científico, político ou artístico –, a humanidade ocidental não teria o socorro e o consolo que lhe são oferecidos por uma "fábula pós-moderna" um pouco sentimental e melancólica:

> É assim que ela [a fábula pós-moderna] se faz a expressão, quase infantil, da crise do pensamento hoje: crise da modernidade, que é o estado do pensamento pós-moderno. Sem pretensão cognitiva nem ético-política, ele se concede um estatuto poético ou estético. Só vale pela sua fidelidade à afeição pós-moderna, a melancolia. (MP, 93-94)

6
Assinado Lyotard

> *Victrix causa deis placuit, sed victa Catoni.*
> Catão, o Antigo[1]

É chegado o momento de concluir nosso itinerário no pensamento de Lyotard, retomando a questão da qual partimos. Em conseqüência de nossa tortuosa sondagem, podemos continuar afirmando, no mesmo tom solene de Teeteto, ser aquele que respondia pelo nome de Jean-François Lyotard de fato um *sofista*? Ou, então, deve-se antes julgar que, não obstante sua crítica linguageira da Verdade, sua vontade de testemunhar acerca do tempo e a impossibilidade de fazer dele "totalidade", seu desejo de estar sempre do lado "fraco" e "sofredor" do Pensamento, do lado da sensação e da emoção, de quem é vítima de um erro e não pode "fraseá-lo" – Lyotard continuou sendo assim mesmo e sempre um *filósofo*?

A questão parece indecidível, o problema insolúvel, o juízo impossível. Salvo se, evidentemente, a resposta residir nessa impossibilidade mesma, ou até na impossibilidade de traçar em Lyotard uma linha de demarcação

---

1. "A causa vitoriosa agrada aos deuses, mas a causa vencida agrada a Catão", citado por Hannah Arendt, *Lições sobre a filosofia política de Kant*.

nítida entre o filósofo e o sofista. Sobrevoemos "torções" que animam o pensamento de Lyotard: desta entre política da opinião e política da Idéia (*Au juste*) àquela entre o acontecimento artístico e o saber psicanalítico (*Discours, figure*), desta que se produz entre a pragmática científica e a pragmática política (*Rudiments païens, A condição pós-moderna*) àquela entre juízo determinante científico e juízo reflexionante artístico (*Le différend*, "Grundlagenkrise"), desta entre regras de discursos institucionalizados e discurso sem gêneros criadores de um novo idioma até aquela, central, e muitas vezes repetida, entre o *fora da linguagem* e uma *linguagem sem fora*. Todas essas torções, efetivamente, poderiam ser interpretadas como os signos de uma única "torção originária", a que em Lyotard estreita o sofista e o filósofo em um corpo a corpo dramático, em uma luta ferrenha, na qual uma única questão está em jogo, a questão central da filosofia, a questão da verdade. Pois, evitando assumir uma posição nítida no que concerne à questão da verdade, será sempre impossível distinguir o filósofo do sofista.

Gostaríamos de responder deste modo ao questionamento inicial: nem filósofo nem sofista, mas antes *filosofista*. Pelas nossas pesquisas, esperamos ter demonstrado que pensar sobre essa figura híbrida não é tão inútil como certos críticos afirmaram.[2] E que talvez seja a partir das torções e tensões que a animam que, para além de toda separação entre "gêneros de discurso" e "tradições nacionais", a filosofia possa definir outra vez o que está em jogo nas questões mais urgentes de nosso tempo.

---

2. Em L. Ferry e A. Renault, o termo *filosofista* é empregado para designar, num sentido depreciativo e genérico, todos os representantes de *La Pensée 68* (op. cit.). Em suas análises, Lyotard só desempenha, portanto, um papel caricatural e marginal, tão marginal quanto o que encontra nessa obra as questões que animam a reflexão desse filosofista exemplar: o tempo, a sensação, a linguagem e a verdade.

Indicações bibliográficas

Obras consagradas, inteiramente ou em parte, a Jean-François Lyotard:

BADIOU, A. Custos, quid noctis? *Critique*, nov. 1984.
FRANK, M. *Die Grenzen der Verständigung*. Frankfurt am Main: Suhrkamp, 1988.
GUALANDI, A. *Le Problème de la vérité scientifique dans la philosophie française contemporaine*: la rupture et l'événement. Paris: L'Harmattan, 1998.
LACOUTURE, J. "Signé Malraux", de J.-F. Lyotard. *Les Temps Modernes*, nº 600, 1998.
LENAIN, T. *L'image*: Deleuze, Foucault, Lyotard. Paris: Vrin, 1997.
REESE-SCHÄFER, W. *Lyotard zur Einführung*. Hamburgo: Junius, 1988-1995.
RORTY, R. Habermas and Lyotard on Postmodernity. In: BERNSTEIN, Richard J. (ed.). *Habermas and Modernity*. Cambridge, MA: MIT Press, 1985.
———. Le Cosmopolitisme sans émancipation (en réponse à Jean-François Lyotard). *Critique*, nº 456, 1985.
SALANSKIS, J.-M. Le Gardien du différend. *Les Temps Modernes*, nº 599, 1998.
———. Méta-biographie de Lyotard-Malraux, esquisse d'une inter-affectivité philosophique. *Les Temps Modernes*, nº 600, 1998.
VÁRIOS AUTORES. *L'Arc*, nº 64, 1976.
———. *La Faculté de juger*. Paris: Minuit, 1985. (Colóquios

de Cerisy, 1982. Textos de J. Derrida, V. Descombes, P. Lacoue-Labarthe, J.-F. Lyotard, G. Kortian, J.-L. Nancy.)

———. Jean-François Lyotard: réécrire la modernité. *Les Cahiers de Philosophie*, 1988, nº 5.

———. *Témoigner du différend:* quand phraser ne se peut. Autour de J.-F. Lyotard. Paris: Osiris, 1989. (Colóquio organizado em 29 de maio de 1987 no Centro Sèvres. Com falas de F. Guibal e J. Rogozinski seguidas de um debate coletivo.)

Uma bibliografia completa das obras de e sobre Lyotard, preparada por Eddie Yeghiayan, está disponível no site da Universidade da Califórnia — Irvine. http://sun3.lib.uci.edu/~scctr/Wellek/lyotard/books_on_jfl.html

ESTE LIVRO FOI COMPOSTO EM SABON
CORPO 10,7 POR 13,5 E IMPRESSO SOBRE
PAPEL OFF-SET 90 g/m² NAS OFICINAS DA
BARTIRA GRÁFICA, SÃO BERNARDO DO
CAMPO - SP, EM MARÇO DE 2007